A CIDADE ESQUECIDA E OUTROS POEMAS

WILLIAM CARLOS WILLIAMS

A cidade esquecida e outros poemas

Seleção, tradução e estudo crítico
José Paulo Paes

COMPANHIA DAS LETRAS

Copyright © 1938, 1944, 1949, 1950, 1951, 1952, 1953, 1954, 1955, 1956, 1957, 1959, 1960, 1961 e 1962 by William Carlos Williams

Esta obra foi publicada originalmente em 1987 sob o título *Poemas*.

Grafia atualizada segundo o Acordo Ortográfico da Língua Portuguesa de 1990, que entrou em vigor no Brasil em 2009.

Título original
Selected Poems

Capa
Victor Burton

Foto de capa
William Carlos Williams Papers. Yale Collection of American Literature, Beinecke Rare Book and Manuscript Library

Preparação
Angela das Neves

Revisão
Valquíria Della Pozza
Ingrid Romão

Dados Internacionais de Catalogação na Publicação (CIP)
(Câmara Brasileira do Livro, SP, Brasil)

Williams, William Carlos, 1883-1963
 A cidade esquecida e outros poemas / William Carlos Williams ; seleção, tradução e estudo crítico José Paulo Paes. — 1ª ed. — São Paulo : Companhia das Letras, 2023.

 Título original : Selected Poems.
 ISBN 978-65-5921-536-2

 1. Poesia norte-americana I. Título.

23-149587   CDD-811.3

 Índice para catálogo sistemático:
 1. Poesia : Literatura norte-americana 811.3

 Eliane de Freitas Leite – Bibliotecária – CRB-8/8415

Todos os direitos desta edição reservados à
EDITORA SCHWARCZ S.A.
Rua Bandeira Paulista, 702, cj. 32
04532-002 — São Paulo — SP
Telefone: (11) 3707-3500
www.companhiadasletras.com.br
www.blogdacompanhia.com.br
facebook.com/companhiadasletras
instagram.com/companhiadasletras
twitter.com/cialetras

Sumário

wcw: A arte de ficar em casa — José Paulo Paes 11

De AO QUE QUER
AL QUE QUIERE!, 1917

Explicação
   Apology 42
El hombre
   El Hombre 44
Consagração de um pedaço de terra
   Dedication for a Plot of Ground 46

De UVAS AZEDAS
SOUR GRAPES, 1921

Abertura de uma dança de locomotivas
   Overture to a Dance of Locomotives 52
O lamento da viúva em plena primavera
   The Widow's Lament in Springtime 56

De PRIMAVERA E O MAIS
SPRING AND ALL, 1923

Primavera e o mais
   Spring and All 60
O vaso de flores
   The Pot of Flowers 64
O lavrador
   The Farmer 66
Nada ter feito
   To Have Done Nothing 68

A rosa
The Rose 72
O direito de passagem
The Right of Way 76
A Elsie
To Elsie 80
O carrinho de mão vermelho
The Red Wheelbarrow 86
No jogo de beisebol
At the Ball Game 88

De POEMAS REUNIDOS (1921-31)
COLLECTED POEMS (1921-31), 1934

A cabeça de bacalhau
The Cod Head 94
Poema
Poem 98
Nantucket
Nantucket 100
O sótão que é desejo
The Attic Which Is Desire 102
Morte
Death 106
As árvores botticellianas
The Botticellian Trees 110

De UM MÁRTIR PRECOCE
AN EARLY MARTYR, 1935

Um mártir precoce
An Early Martyr 116
A acácia-meleira em flor (primeira e segunda versões)
The Locust Tree in Flower 120
A uma velha pobre
To a Poor Old Woman 126

Retrato proletário
Proletarian Portrait 128
O estuprador de Passenack
The Raper from Passenack 130
Os sinos católicos
The Catholic Bells 134

De ADÃO E EVA E A CIDADE
ADAM AND EVE AND THE CITY, 1936

Adão
Adam 140

De POEMAS REUNIDOS COMPLETOS (1906-38)
THE COMPLETE COLLECTED POEMS (1906-38), 1938

A duração
The Term 150
Os pobres
The Poor 152
Estas
These 154

De O VÃO ROMPIDO
THE BROKEN SPAN, 1941

As últimas palavras da minha avó inglesa
The Last Words of My English Grandmother 160

De A CUNHA
THE WEDGE, 1944

Uma espécie de canção
A Sort of a Song 166
Paterson: As quedas-d'água
Paterson: The Falls 168
Queimando as sempre-verdes de Natal
Burning the Christmas Greens 172

O poema
The Poem 178
A cidade esquecida
The Forgotten City 180
A chaminé amarela
The Yellow Chimney 184
A árvore sem folhas
The Bare Tree 186

De AS NUVENS
THE CLOUDS, 1948

Mulher diante de um banco
A Woman in Front of a Bank 190
O cavalo
The Horse 192

De POEMAS ULTERIORES REUNIDOS
THE COLLECTED LATER POEMS, 1950

Uma nota
A Note 196
Navegante
Seafarer 198
O duro cerne da beleza
The Hard Core of Beauty 200
Elena
Elena 204

De A MÚSICA DO DESERTO E OUTROS POEMAS
THE DESERT MUSIC AND OTHER POEMS, 1954

A Daphne e Virginia
To Daphne and Virginia 228
A hóstia
The Host 238

De JORNADA AO AMOR
JOURNEY TO LOVE, 1955

A coroa de hera
The Ivy Crown 248
O pardal
The Sparrow 256
Tributo aos pintores
Tribute to the Painters 266
A acácia-meleira rosa
The Pink Locust 274

De QUADROS DE BRUEGHEL
PICTURES FROM BRUEGHEL, 1962

II. Paisagem com queda de Ícaro
II. Landscape with the Fall of Icarus 282
IX. A parábola dos cegos
IX. The Parable of the Blind 284
Canção
Song 288
Lira de Jersey
Jersey Lyric 290
Soneto em busca de um autor
Sonnet in Search of an Author 292

De *PATERSON*, 1946-58

Do Livro Primeiro: Prefácio
From Book One: Preface 296

Índice dos poemas 303

wcw: A arte de ficar em casa

José Paulo Paes

I

Na poesia norte-americana do século xx, William Carlos Williams desempenhou papel semelhante ao do irmão mais velho na parábola do filho pródigo. Não tanto pela circunstância cronológica de ter nascido dois anos antes de Ezra Pound e cinco antes de T.S. Eliot, mas principalmente porque, ao contrário deles, que tão logo alcançaram a idade da razão literária foram viver do outro lado do Atlântico como poetas europeus, optou por continuar nos Estados Unidos até o fim dos seus dias. Ali, no próprio chão nativo, cuidou de descobrir os motivos da sua arte em vez de os ir buscar nas fontes mais ou menos distantes — os clássicos gregos e latinos, a poesia chinesa e japonesa, Dante, a lírica provençal, os metafísicos ingleses do século xvii, os simbolistas franceses ou a antropologia de Frazer, para citar algumas das matrizes culturais de Pound e Eliot. Era, na teoria e na prática, o "princípio de ficar em casa" referido por Marianne Moore[1] a propósito da poesia dele, Williams, que num dos seus livros de prosa[2] declarou: "Há uma fonte, *na América*, para tudo quanto pensamos ou fazemos. [...] Por que me deveria mudar do lugar onde nasci?".

1 "Three Essays on Williams". In: J. Hillis Miller (Org.), *William Carlos Williams: A Collection of Critical Essays*. Nova Jersey: Prentice-Hall, 1966, p. 42.
2 *In the American Grain*, Nova York: New Directions, 1956, p. 109.

E tal como na parábola narrada pelo evangelista Lucas (16,11-32), ao menos um daqueles dois pródigos autoexilados sempre foi mais festejado na casa paterna do que o irmão sedentário. Até o começo dos anos 1950, Eliot se manteve a influência dominante na poesia dos Estados Unidos, pelo que causou espécie Yvor Winters ter visto em "A caminho do hospital de isolamento" — designação por que ficou conhecido o poema-título de *Spring and All* [Primavera e o mais, 1923], das primeiras coletâneas de Williams — uma "obra de artesania mais apurada, mais duradoura"[3] do que "Gerontion", peça de resistência dos *Poems* de Eliot publicados três anos antes de *Spring and All*. Aliás, Eliot foi a *bête noire* de Williams, o qual considerava *The Waste Land* "a grande catástrofe" das letras norte-americanas na medida em que, pela sua extraordinária repercussão, logrou desviar-lhes o impulso localista.[4] Já em relação a Pound, com quem se correspondeu regularmente, de quem recebeu orientação no começo da carreira literária e de cujos *Cantos* tirou mais de uma sugestão de ordem técnica para a composição do seu poema mais longo e mais ambicioso, *Paterson*, Williams nunca se mostrou hostil, ainda que nem de longe lhe perfilhasse o espírito cosmopolita, a nostalgia antiquária, o gosto eruditivo e as propensões antidemocráticas.

Somente em décadas mais recentes foi que se assistiu, nos Estados Unidos e fora deles, a uma valorização crítica da poesia de Williams.[5] Dela dá prova, entre as publicações a ele

---

3 Apud Robert Lowell, "William Carlos Williams". In: J. Hillis Miller (Org.), op. cit., p. 158.
4 Apud Louis L. Martz, "The Unicorn in Paterson: William Carlos Williams". In: J. Hillis Miller (Org.), op. cit., p. 76.
5 Thom Gunn, "William Carlos Williams". In: J. Hillis Miller (Org.), op. cit., p. 171. Ainda em 1949, na sua introdução aos *Selected Poems* de Williams, observava

consagradas, a coletânea de ensaios organizada por J. Hillis Miller. Miller[6] não se esquece de chamar a atenção para a influência exercida por Williams sobre "a poesia mais vigorosa" que está sendo hoje lá escrita, embora um outro crítico assinale o paradoxo de ser o autor de *Paterson* "um mestre cujos preceitos, fielmente seguidos, levam ao desastre", o que não o impede de ser "um poeta cujo exemplo, por outro lado, tem tido efeito tônico sobre uma geração de poetas nem remotamente parecidos com ele".[7] E na Inglaterra, onde por um bom tempo a sua poesia foi considerada algo assim como uma oleogravura meio kitsch de "casas de tijolos vermelhos, esposas suburbanas, alegres interiores padronizados", não se hesita agora em vê-la como "das melhores do nosso século".[8]

O tardio reconhecimento da importância de Williams na empresa de criar o idioma da modernidade na poesia norte-americana tem muito a ver com a banalidade dos seus assuntos preferidos, assim como com a total ausência de pompa da sua dicção. Mas por trás dessa à primeira vista decepcionante pobreza esconde-se uma arte cuja sutileza e originalidade constituem motivo de permanente deleite para quantos consigam sintonizar a sensibilidade para o comprimento de onda da sua música secreta.

Randall Jarrel: "A crítica contemporânea não tem auxiliado muito Williams; a maioria dos bons críticos de poesia não tem escrito sobre ele, e um ou dois deles, quando escreveram, apenas contraíram-se como se moscas estivessem pousadas em cima deles. Yvor Winters tem sido o defensor mais valioso de Williams". Esse texto foi incluído em Randall Jarrel, *A poesia e a época: Ensaios* (trad. de E. C. Caldas, Rio de Janeiro: Revista Branca, [s.d.]).
6 Op. cit., p. VII.
7 John Malcolm Brinnin, *William Carlos Williams*. Trad. de Nair Lacerda. São Paulo: Martins, 1964, p. 51, (série Escritores Norte-Americanos).
8 Thom Gunn, texto citado em J. Hillis Miller (Org.), op. cit., p. 171.

II

William Carlos Williams nasceu a 17 de setembro de 1883 em Rutherford, uma cidadezinha de Nova Jersey não distante de Nova York. Seu pai era inglês de nascimento, mas, tal como o protagonista de "Adão", um dos poemas de *Adam and Eve and the City* [Adão e Eva e a cidade, 1936], criara-se nas Índias Ocidentais ouvindo o "murmúrio mais sombrio/ que a morte inventa especialmente/ para os homens do Norte/ aos quais os trópicos/ chegam a prender". O poeta recebeu o mesmo nome do pai, com o acréscimo de um Carlos latino em homenagem a um tio de quem copiaria também a profissão de médico. Esse tio era o irmão dileto de sua mãe, Raquel Helène, nascida em Porto Rico de origem basca e hispano-judaica e cujos últimos dias de vida o filho relembraria com sufocada emoção em "Elena", um dos *Collected Later Poems* [Poemas ulteriores reunidos, 1950]. Mulher inteligente e sensível, Raquel tinha talento para a pintura, tanto assim que o irmão médico, enquanto pôde, lhe pagou os estudos em Paris. Dela o filho herdou o gosto pelas artes plásticas, tão perceptível na visualidade dos seus poemas, vários dos quais dedicados a pintores, como os da série *Pictures from Brueghel* [Quadros de Brueghel, 1962].

William Carlos aprendeu as primeiras letras em Rutherford e ainda adolescente foi levado pelos pais à Europa para cursar uma escola suíça, depois o liceu Condorcet. De volta aos Estados Unidos, completou os estudos preparatórios e foi admitido em 1902, após exame especial, à Faculdade de Medicina da Universidade da Pensilvânia. Ali conheceu Ezra Pound, universitário também, e Hilda Doolittle, que com a lacônica assinatura de H. D. se tornaria um dos expoentes da poesia imagista. Já antes de diplomar-se em 1906, Williams se dedicava à literatura. Tomara então por modelo a poesia de Keats e, de par com sonetos rimados e imitações do *Endymion*, começava a ensaiar a mão no verso livre aprendido de Whitman. Esses tentames não agradaram a Pound, que lhe recomendou atualizar-se em matéria de poesia lendo Yeats, Browning, Francis Thompson e Swinburne, além do *Golden Treasury* de Palgrave, antologia por via da qual se poderia familiarizar com os mestres da poesia inglesa do passado. O magistério de Pound, com quem aprendeu a importância da direitura coloquial e da novidade de expressão em poesia, foi decisivo para Williams, a ponto de este ter considerado o início da sua amizade com aquele um marco na sua vida, tal "como a.C. e d.C.".[9]

O primeiro livro de Williams, *Poems*, uma plaquete cuja edição ele pagou do próprio bolso e da qual só se venderam quatro exemplares no lançamento, saiu em 1909, quando, completada a residência médica em hospitais de Nova York, ele partia para a Europa a fim de se especializar em pediatria. Fixou-se em Leipzig, mas teve ocasião de ir a Londres visitar Pound. Em 1912 casou-se com Florence Herman em Rutherford e no ano seguinte o casal se instalava num casarão antigo da Ridge Road, nº 9, onde o dr. Williams iria viver até o fim dos seus dias, a maior parte deles como clínico da população proletária da região. Os deveres de médico, que cumpria com dedicação, daí tirando inclusive matéria para seus poemas e contos, não o impediam de participar da vida literária de Nova York, fervilhante nos anos anteriores e subsequentes à Primeira Guerra. Colaborava nas revistas da época, entre elas

---

9 Apud John Malcolm Brinnin, op. cit., p. 20.

a *Little Review*, de tendência vanguardista, *Poetry*, mais conservadora, e *Others*, de que foi editor associado por algum tempo.[10] Tomou então contato com as manifestações experimentais no campo das artes visuais. Conheceu pessoalmente Marcel Duchamp, que trouxera em 1915 para Nova York os seus ready-mades, objetos industriais como rodas de bicicleta ou vasos sanitários a que apunha um título e uma assinatura para convertê-los em objetos de arte. Um dos artistas favoritos do poeta era o cubista Juan Gris em cuja pintura ele via um empenho de retirar as coisas do mundo da experiência cotidiana, onde o automatismo da percepção as banalizava, para as intensificar aos olhos da imaginação. É fácil ver a similitude desse empenho com o do próprio Williams em tantos dos seus poemas "objetivistas", que mais parecem instantâneos fotográficos de uma nitidez quase sobrenatural, como o famoso "O carrinho de mão vermelho", espécie de "No meio do caminho" do modernismo norte-americano. Mestre do vislumbre, como dele disse Kenneth Burke,[11] Williams herdou da mãe pintora a qualidade que lhe louvou um dia, de poder "ver a coisa em si, sem ideias pré ou pós-concebidas, mas com uma grande intensidade de percepção".[12]

Tal intensidade de percepção foi nele precocemente estimulada pela sua convivência com os imagistas, grupo de poetas americanos e ingleses que, malgrado a influência do Simbolismo francês, procuravam superar-lhe o pendor para o vago e o difuso por meio da criação de imagens concretas,

---

10 Louise Bogan, *A poesia norte-americana (1900-50)*. Trad. de Manoel Ferreira. Rio de Janeiro: Revista Branca, [s.d.], p. 45.
11 Kenneth Burke, "William Carlos Williams: Two Judgements". In: J. Hillis Miller (Org.), op. cit., p. 47.
12 *Selected Essays*. Nova York: Random House, 1954, p. 5.

precisas, claras. Preocupavam-se ainda, por contraposição à linguagem literariamente enfeitada, em ficar tão perto quanto possível da fala de todos os dias, utilizando-lhe os ritmos mais livres, distintos da versificação tradicional, para abordar qualquer tipo de assunto, por mais corriqueiro que fosse, particularmente os da vida contemporânea, o que fez deles "modernistas" de primeira hora. Tudo isso ia acompanhado de uma grande ênfase na concentração como a própria essência da poesia, conquanto o excesso de concentração os pudesse levar por vezes à obscuridade e não à clareza pretendida. Do seu poema tipicamente imagista "Numa estação de metrô", disse Pound, principal teórico do grupo, que se tratava de um *hokku*, de um "poema de uma só imagem [...] uma forma de superposição, isto é, uma ideia assente em cima de outra".[13] Pela sua extrema condensação, também "A acácia-meleira em flor" de Williams, sobretudo na sua segunda versão, em que os nexos gramaticais foram reduzidos ao mínimo e a verticalização dos versos de uma única palavra dá ao poema configuração de ideograma, faz lembrar a poesia japonesa.

Pound incluiu um poema de Williams na antologia imagista publicada num número de 1914 da revista *Glebe*. Foi ele, ademais, quem lhe sugeriu o título de *Kora in Hell: Improvisations* [Kora no Inferno: Improvisações, 1920], um volumezinho de poemas em prosa à maneira de *As iluminações* de Rimbaud, nos quais a descida ao reino ínfero figurada nos mitos de Perséfone, Deméter e Orfeu corresponde a um mergulho no inconsciente e a um momentâneo abandono da objetividade, ainda que para espertar a imaginação, livrando "o mundo do

---

13 Apud Ronald Bush, *The Genesis of Ezra Pound's Cantos*. Nova Jersey: Princeton University Press, 1976 (cop.), p. 21.

fato das imposições da arte",[14] ou seja, das estilizações artísticas convencionais da experiência. E foi ainda através de Pound que Williams, numa viagem à Europa em 1924, teve ocasião de conhecer pessoalmente James Joyce, Gertrude Stein, Valéry Larbaud e Philippe Soupault, um dos fundadores do surrealismo, de quem ele traduziria para o inglês as *Últimas noites em Paris*. Logo depois do seu retorno aos Estados Unidos, passou a integrar o corpo médico do hospital de Passaic, cidade vizinha de Rutherford cujas cataratas lhe inspirariam o *Paterson*. De 1925 é um livro de prosa ensaística e/ou doutrinária, *In the American Grain* [Na veia americana], livro em que, como antídoto para o cosmopolitismo das influências de vanguarda a que estava então exposto, intentava Williams "penetrar dentro da cabeça dos pais fundadores da América" para neles surpreender o surgimento do *genius loci*, de um espírito criador diferencialmente americano, já que, no seu entender, havia "uma fonte, *na América*, para tudo quanto pensamos ou fazemos". Num livro anterior, *The Great American Novel*, pequeno romance sem enredo nem herói a não ser, metalinguisticamente, um homem que pretendia escrever um livro, dissera ele: "O inimigo da Europa é o passado. E nosso inimigo é a Europa, uma coisa que absolutamente não nos diz respeito".[15] É bem de ver, porém, que no americanismo de Williams não havia nenhum chauvinismo nacionalista. Havia, sim, uma crença inabalável no local como único ponto de partida para o universal, pelo que ele bem poderia ter feito seu o dito de Vlamink, de ser a inteligência internacional, a estupidez nacional e a arte local.

14 Apud Thomas R. Whitaker, *William Carlos Williams*. Nova York: The University of Iowa; Twayne Publish, 1968, p. 60.
15 Apud J. Hillis Miller (Org.), "Introdução", op. cit., p. 9.

Conta Williams na sua *Autobiografia* que desde cedo se aplicara à "redescoberta de um impulso primevo, do princípio elementar de toda arte, nas condições locais".[16] Na "Nota do autor" com que abre seu poema maior, *Paterson*, compara a visada localista com a relação médico-paciente: "Este é o ofício do poeta. Não falar por vagas categorias, mas escrever de modo particular, tal como um médico trabalhando com um paciente, acerca da coisa à sua frente; descobrir o universal no particular. John Dewey havia dito (descobri-o por puro acaso) que 'o local é o único universal sobre que a arte edifica'". Os versos de abertura de *Paterson* reiteram a mesma ordem de ideias:

Compor um começo
com particularidades
e torná-las gerais, arrolando
a soma, por meios imperfeitos —

A expressão do local implicava o uso de uma "nova linguagem" cujo "espírito interior" era outro que não o do inglês britânico, visto envolver, para além das simples diferenças de léxico, "uma diferença de pronúncia, de entonação, de conjugação, de metáfora e expressão idiomática, a própria maneira de usar as palavras", conforme explicou Williams numa carta ao editor do *New English Weekly*.[17] Daí o seu cuidado de recolher espécimes do *sermo vulgaris* ianque num arquivo que era "um museu vivo do idioma falado".[18] Na sua poesia, o uso

---

16 Apud Louis L. Martz, texto citado em J. Hillis Miller (Org.), op. cit., p. 76.
17 Apud Mike Weaver, *William Carlos Williams: The American Background*. Cambridge: Cambridge University Press, 1971, p. 80.
18 Mike Weaver, op. cit., p. 80.

expressivo do coloquial avulta nos retratos de caracteres, de que são exemplos "O estuprador de Passenack", "As últimas palavras da minha avó inglesa" e "Elena", poemas cujo centro de interesse é a personalidade das suas protagonistas, que se vai revelando aos olhos e ouvidos do leitor não através da descrição de exterioridades e sim pelas peculiaridades da elocução delas admiravelmente estilizada pelo poeta.

Quase escusava dizer que é igualmente a preocupação localista que subjaz à deliberada trivialidade dos assuntos dos poemas de Williams. Neles, os objetos, as cenas e os figurantes anônimos do cotidiano ocupam o primeiro plano: é o operário de volta do trabalho, a azáfama de uma estação ferroviária, a viúva a lamentar sua solidão, o médico a caminho do hospital, a policromia de um vaso de flores, o lavrador passeando pelo campo, o motorista a desfrutar seu direito de passagem, a empregada doméstica de "quadris sem elegância e peitos bambos", a multidão "mortífera, aterradora" num jogo de beisebol, uma cabeça de bacalhau semissubmersa, o gato tentando escalar o armário da cozinha, o interior imaculado de uma casa de Nantucket, o sótão transfigurado pelo anúncio luminoso, uma velha comendo ameixas pela rua, a folha de papel arrastada pelo vento, a arquitetura improvisada das casas proletárias, os ramos de pinheiros queimados depois do Natal, uma cidade do interior tornada mágica pela chuva, a mulher com um carrinho de bebê diante de um banco, os clérigos almoçando num restaurante, o pardal morto pela sua própria fêmea, a obstinação da acácia-meleira, o encanto outonal de uma chaminé de fábrica, e assim por diante. O destaque dado à banalidade cotidiana é inversamente proporcional à frequência com que os grandes temas e as alusões eruditas, cavalo de batalha da poesia de Pound e Eliot, aparecem na de

Williams. Mas trata-se de uma banalidade como que fosforescente, o que leva o leitor a perguntar-se se a sua semântica se esgota de fato ali ou se é, em vez disso, um convite à imaginação para ir além do hic et nunc. Esta questão tem a ver de perto com a dialética do visual e do metafórico na poesia de Williams.

III

Nos primórdios da década de 1930, foi ele coeditor da revista *Contact* e, ao lado de Louis Zukofsky e outros, integrou o grupo dos chamados objetivistas, que chegaram a fundar duas editoras, uma das quais lhe publicaria em 1934 os *Collected Poems*. Tratava-se de uma aventura cooperativa de poetas unidos por afinidades de ordem programática, bem patentes na antologia *Objectivists 1931* organizada por Louis Zukofsky. Outro objetivista, George Oppen, assim definiu o nome assumido pelo grupo: "Objetivista significava, não um ponto de vista objetivo, mas a preocupação de objetivar o poema, de fazer do poema um objeto. Significava forma".[19] O termo vinha entretanto de "objetiva", a lente da máquina fotográfica que lhe põe dentro da câmara a imagem real do objeto a ser fotografado. Ninguém desconhece o importantíssimo papel desempenhado pela fotografia, depois continuado pelo cinema e pela televisão, no sentido de afeiçoar a sensibilidade eminentemente visual do século xx. Com possibilitar a fixação instantânea da imagem em movimento, a fotografia acoroçoou, além disso, o pendor da dita sensibilidade para a imediatez da

---

19 Apud Mike Weaver, op. cit., p. 55.

experiência, pendor alardeado naquele culto do dinamismo e da velocidade que marcou a arte modernista. Por isso não espanta que para os artistas norte-americanos fosse a fotografia mais importante do que para os seus confrades europeus. Arte nova tornada possível por uma invenção tecnológica, quadrava-se à maravilha ao país por excelência da indústria e da tecnologia, mas cujo gosto artístico estava ainda a reboque do tradicionalismo europeu. Foi o que Williams viu com agudez quando escreveu num dos seus ensaios: "A câmara fotográfica e aquilo que ela podia fazer adequavam-se a um lugar onde o imediato e o real sofriam uma negligência oficial".[20] E a propósito da pintura "precisionista" de seu amigo Sheeler observava que "o bem visto se torna a um só tempo visão e canto. É nas coisas que, para o artista, jaz o poder, não além delas",[21] observação que se completa naturalmente com a célebre divisa de *Paterson*: "ideias, só nas coisas".

A prática criativa de Williams enquanto poeta responde com rara coerência a tal clima de ideias. Se bem estivesse longe de ser um teórico da erudição de Pound ou Eliot, tampouco foi o "homem tolo e ignorante" que nele quis ver Yvor Winters.[22] A qualidade dos seus poemas é a melhor justificativa da validade da sua teoria da composição, por eles tão fielmente ilustrada. Teoria que tem pontos de contato com a fenomenologia, entendida como o estudo descritivo dos fenômenos conforme são dados à experiência imediata. Pondo entre parênteses todo o arsenal de alusões da prática literária que o antecedia, Williams se acercava das coisas em estado de ino-

---

[20] *Selected Essays*, ed. cit., p. 160.
[21] Apud Mike Weaver, op. cit., p. 61.
[22] "Poetry of Feeling". In: J. Hillis Miller (Org.), op. cit., p. 69.

cência para vê-las com olhos novos. Daí o despojamento dos seus poemas e a impressão de obviedade que tantas vezes dão. Mas a ênfase no óbvio sempre foi o melhor caminho para a redescoberta do real sepultado sob o entulho das convenções, isso desde a maiêutica de Sócrates, passando pelos *koans* zen--budistas, até a redução eidética dos fenomenólogos. E a pedagogia da obviedade chega ao limite no nunca demais citado "O carrinho de mão vermelho":

tanta coisa depende
de um

carrinho de mão
vermelho

esmaltado de água da
chuva

ao lado das galinhas
brancas.

Aqui, a intensidade com que uma cena do mais banal dia a dia é revista — intensidade marcada quando mais não fosse pela ênfase na cor e no brilho: "vermelho", "esmaltado", "brancas" — alcança converter-se, à semelhança do *aleph* borgiano, numa *imago mundi*, o local metamorfoseando-se em universal, a parte no todo, o microcosmo no macrocosmo, como o insinua o verso ambíguo, "tanta coisa depende", com que o poema se inicia.

A intensidade da percepção é solidária da consciência daquela "bela imediatez" de que Nietzsche falava e a cujo serviço o poema se põe, o poema que, para Williams, tem por função "refinar, clarificar, intensificar esse momento eterno, o único em que vivemos".[23] Eis por que devemos guardar-nos do equívoco de conceber os poemas mais "fotográficos" de Williams como cópias fiéis, mas passivas, de coisas da realidade. Não são cópias, são homólogos delas e, nessa condição, objetos estéticos dotados de vida própria que se adicionam à realidade para enriquecer-lhe o repertório. Disse-o o próprio poeta: "Copiar a natureza é uma atividade invertebrada. [...] Mas imitar a natureza envolve o uso da palavra e então nós mesmos nos tornamos a natureza, inventando assim um objeto que é uma extensão desse processo".[24] Pelo que ele podia postular o poema não como a representação de alguma coisa, e sim como coisa ele próprio, "uma pequena (ou grande) máquina feita de palavras".[25]

Williams não faz aqui mais do que perfilhar a "tentação faustiana" denunciada por Jean Cassou nos pintores e escultores contemporâneos e à qual tampouco ficaram infensos os poetas. Qual fosse a "de assimilar suas produções às máquinas que povoam o universo atual, de fazer delas objetos dotados de animação, que têm seus movimentos próprios e nos quais nada encontramos da pessoa, dos sentimentos, do destino do seu criador".[26] No tocante à parte final desta citação, não será demais lembrar que o próprio Williams se manifestou contrariamente ao poema como veículo de catarse ou confissão quando escreveu ser "nas minúcias — na minuciosa organi-

---

23 *Selected Essays*, ed. cit., p. 2.
24 *The Selected Letters of William Carlos Williams*, John C. Thirlwall (Org.), Nova York: McDowell, Obolensky, Inc., 1957, p. 297.
25 *Selected Essays*, ed. cit., p. 256.
26 Jean Cassou, *Situation de l'art moderne*. Paris: Ed. de Minuit, 1950, p. 30.

zação das palavras e de suas correlações numa composição que reside a seriedade e o valor de uma obra literária — *não* nos sentimentos, ideias, desígnios nela retratados".[27] O que não quer dizer excluir por completo, do poema-máquina, a personalidade do seu criador. Observa Roy Harvey Pierce que Williams tem de "sentir-se a si mesmo nas coisas do seu mundo, pois delas depende como ocasiões de ser ele próprio — como poeta",[28] observação confirmada por uma passagem de uma carta sua a Marianne Moore referindo-lhe uma experiência interior que teve por volta dos vinte anos, quando se sentiu tomado de "uma súbita resignação à existência, um desespero [...] que fez de cada coisa uma unidade em si mesma e a um só tempo uma parte de mim próprio [...] uma inominada experiência religiosa".[29]

IV

Esta *unio mystica* do poeta com as coisas aponta, mediatamente, para um nexo metafórico entre um e outras, conquanto mais de uma vez tivesse ele acusado a metáfora de dissolver a individualidade das coisas comparadas, e à criação de símiles, que lhe parecia "um passatempo de ordem assaz inferior", opunha ele a superioridade do poder de descobrir "nas coisas aquelas inimitáveis partículas de dissimilaridade com todas as demais coisas e que constituem a perfeição peculiar da coisa

---

[27] Apud Thomas R. Whitaker, op. cit., p. 20.
[28] "Williams and the 'New Mode'". In: J. Hillis Miller (Org.), p. 97.
[29] *The Selected Letters of William Carlos Williams*, ed. cit., p. 147.

em questão".[30] Se cotejarmos, porém, este pronunciamento do teórico com a prática do poeta, veremos que tem de ser tomado com mais do que um grão de sal. Assim, em "Uma espécie de canção", metapoema ostensivo, ou seja, um poema acerca de poesia, as palavras, "rápidas/ no ataque, quietas na tocaia", não somente são comparadas a uma cobra pronta a dar o bote como o poeta expressamente se recomenda a tarefa de "pela metáfora reconciliar/ as pessoas e as pedras". A leitura dos poemas constantes da presente antologia e nela dispostos na sequência cronológica de sua publicação em livro permitirá ao leitor comprovar por si como, no correr dos anos, o autor deles foi recorrendo cada vez mais à metáfora, num crescendo cujo ápice está certamente em *Paterson*, longo poema épico-documentário onde um rio, um homem e uma cidade se entrecruzam numa complexa rede metafórico-simbólica por via da qual o poeta se exprime a si mesmo, ao tempo que lhe foi dado viver e ao país com que ligou tão inextricavelmente o seu destino de homem e de poeta.

Bem feitas as contas, não me parece que haja contradição absoluta entre ver as coisas tão únicas e dissímiles quanto possível e estabelecer um vínculo metafórico entre elas. A expressividade de uma metáfora é tanto maior quanto maior for o grau de individuação e dissimilaridade das coisas entre si comparadas. Não surpreende, pois, que seja precisamente numa poesia onde a unicidade delas é resgatada da percepção automatizada para se impor à nossa atenção com a novidade do primeiro dia da sua criação, que os *ocasionais* vínculos entre elas propostos se beneficiem do mesmo poder de novida-

---

30 *Selected Essays*, ed. cit., p. 16.

de.[31] Grifei *ocasionais* para ressaltar que a metaforização nem é assim tão corriqueira nos versos de Williams nem tão explícita quanto nos de outros poetas modernos. Isso não significa que deles estão ausentes lances de inventividade do tipo de, em "Os sinos católicos", aquelas últimas uvas aqui e ali esparsas na vinha sobre um muro "como os dentes estragados de um velho", símile que não fica a dever muito à tarde letárgica do "Prufrock" tão celebremente comparada por Eliot a um paciente anestesiado sobre uma mesa cirúrgica. Lance ainda mais bem logrado vamo-lo encontrar em "A duração", onde uma simples folha de papel, "mais/ ou menos do tamanho/ e volume aparente/ de um homem", que é arrastada rua abaixo pelo vento, adquire conotações metafísicas, fazendo-se um índice ad hoc de quão frágeis e efêmeras (uma ideia insinuada desde o título do poema) são as pretensões do caniço pensante de Pascal, quando, diferentemente dele, ela prossegue o seu caminho não obstante um automóvel ter-lhe passado em cima.

Particularmente digno de nota, neste breve e intenso poema, é o quanto contribui o uso de *enjambements* para o efeito de lapidaridade vivaz por ele suscitado. Trata-se de uma instância bem ilustrativa da preocupação de Williams com os problemas de ritmo e métrica, absorvente preocupação estreitamente ligada ao seu propósito de explorar a diferenciação coloquial do inglês dos Estados Unidos. É o que dá a entender quando escre-

---

[31] Essa dialética entre o literal e o alusivo ou metafórico está sugerida noutro metapoema de Williams, "O poema", no qual fala ele da "canção [...] centrífuga, centrípeta", dois adjetivos antitéticos que se pode entender como designativos das duas linhas de força de sua poesia: a que aponta para a coisa em si como imanência e plenitude de significado e a que leva para além dela, para o metafórico, o alusivo, o transcendente.

ve: "Para manter a integridade da língua — a língua falada —, o metricista tem de enfrentar certas restrições que o artista de prosa não carece de sentir. Forçado a uma análise do limitado espaço de composição a ele consentido, e tendo em vista o efeito do ritmo sobre a verdade daquilo que tem a dizer, o poeta vê-se compelido à medida, cumprindo-lhe saber por que uma palavra tem de seguir-se a outra, sem que haja distorção de sentido [...]. A prosódia da fala é que tem de ditar-lhe o verso".[32] A opção de deixar-se guiar unicamente pelos ritmos vivos da fala e não pelas regras mecânicas da escansão levou-o a idear o que chamou de "pé variável", conceito disparatado no entender de mais de um dos seus críticos. Ele o definia como "um pé poético que não é fixo mas varia com as exigências da linguagem [...] ignora a contagem do número de sílabas do verso, tal como praticado pela escansão usual, em prol de uma medição pelo ouvido, uma contagem mais sensorial".[33] Houve inclusive quem visse na fluência, riqueza e variedade rítmicas da poesia de Williams — diversa, nisso, "dos ritmos longos e algo óbvios de Pound e dos ritmos menos destros de Eliot", para citar um juízo de Yvor Winters,[34] — a influência do swing ou balanço do jazz, "aquele ataque retardado que inculca a sensação de a pulsação rítmica ser uma força exterior, quase uma força natural a *puxar* a música atrás de si".[35] O paralelo, sugestivo, tem o mérito de apontar outra fonte tipicamente americana para as experimentações rítmicas de Williams, as quais se impõem à vista e ao ouvido já na primeira leitura da

---

32 Apud Mike Weaver, op. cit., p. 81.
33 Apud Roy Harvey Pearce, texto citado em J. Hillis Miller (Org.), op. cit., p. 101.
34 Yvor Winters, texto citado em J. Hillis Miller (Org.), op. cit., p. 68.
35 Rudi Blesh, apud Mike Weaver, op. cit., p. 77.

sua poesia. Em especial o verso triádico escalonado, usado sistematicamente a partir de *The Desert Music and Other Poems* [A música do deserto e outros poemas, 1954].

Fechado este parêntese métrico, voltemos à questão que antes dele nos ocupava. Enquanto "A duração" constitui um exemplo brilhante de metáfora ocasional ou ad hoc, "As árvores botticellianas" são um caso de metaforismo elaborado algo raro na obra de Williams anterior a *Paterson*. Nesse poema, cujo título contém uma alusão erudita tampouco nela frequente, a floresta é comparada ao alfabeto e os galhos desnudos das árvores no inverno a letras escrevendo esta última palavra. Do alfabeto transita-se naturalmente para a gramática quando a primavera se prenuncia nas primeiras folhas verdes, "ses de cor" a alterarem as "regras simples/ e estritas" dos ramos nus e introduzindo as mais retorcidas "cláusulas do amor", que articulam a fala do desejo sobrevindo com o estio, e eis os galhos convertendo-se em "braços/ e pernas de mulher", a frase modulando-se em canção e a linguagem em poesia.

A maior frequência da metáfora na fase mais recente da poesia de Williams, em contraposição à sua raridade na fase mais antiga, parece estar ligada ao curso de um processo de pessoalização. Ainda que não seja desmentida em momento algum a regra de ouro objetivista de "ideias, só nas coisas", a presença do poeta, não mais como olho impessoal, mas como voz autorreferente, tende a crescer cada vez mais. O processo tem verossimilmente seu ponto de partida naquela iluminação ou "inominada experiência religiosa" narrada na carta a Marianne Moore, experiência que iria marcar fundamente a poesia de Wiliams como empresa antes de alteridade que de ipseidade. Pois o que nela sobretudo se exprime é o reconhecimento da presença do Outro como existência autônoma e, ao mesmo tempo, como parte integrante do Eu reconhecedor. O Outro pode ser, indistintamente, uma coisa, um bicho ou uma pessoa. Todavia, nos poemas sobre pessoas, faz-se presente um componente emocional quase imperceptível na neutralidade dos poemas sobre coisas e bichos. Para percebê-lo, basta cotejar "Consagração de um pedaço de terra" ou "O lamento da viúva em plena primavera", de um lado, com "O vaso de flores" ou "Poema", de outro. Ele, o emocional, é o indício de que há uma graduação no reconhecimento da alteridade: a possibilidade de empatia do Eu com o humano é necessariamente mais ampla do que com o não humano. E, ao exprimir a subjetividade alheia, o Eu acaba por exprimir congenialmente sua própria subjetividade, isto sem violar a outra regra de ouro da poética williamsiana, qual seja a de "a seriedade e o valor" do poema continuarem a depender muito mais da "minuciosa organização das palavras e suas correlações" que dos "sentimentos, ideias, desígnios" neles retratados.

O viés subjetivo enuncia-se desde a peça de abertura desta coletânea, "Explicação", tirada de um dos primeiros livros do poeta. Ali, confessa ele que a sua compulsão a escrever vem da beleza que descobre nas "caras terríveis" da gente simples — trabalhadores de volta a casa no fim da tarde — tanto quanto de sua aversão pelas caras bem-compostas dos "cidadãos de prol". Manifesta-se aí uma opção social que se vai confirmar em poemas como "No jogo de beisebol", "A uma velha pobre", "Retrato proletário", "Os pobres", "Mulher diante de um banco". A empatia de Williams pela "gente que não é ninguém" estava ligada de perto à sua atividade de clínico cuja clientela se compunha sobretudo de trabalhadores rurais e operários dos lanifícios de Passaic, imigrantes que viviam em condições assaz precárias. São eles os protagonistas de *The Farmer's Daughter* [A filha do granjeiro, 1961], livro de contos escritos em estilo conciso, com ênfase no coloquial e retratando os dramas do cotidiano através da relação médico-paciente. Tal empatia encontrou clima favorável ao seu florescimento literário nos anos da década de 1930, quando os esforços de reconstrução do país pauperizado pelo *crack* de 1929 estimularam a militância política de esquerda. Foi uma década de primado da literatura dita proletária, segundo o paradigma de *Judeus sem dinheiro*, de Michael Gold, que chegou a influenciar o nosso romance de 30. Por um conto supostamente subversivo publicado nas páginas de *New Masses*, periódico dirigido pelo mesmo Michael Gold, Williams teve de responder a um processo de difamação, o que não impediu que os escritores arregimentados no *Blast*, outro órgão radical, acusassem o poeta de absenteísmo e lhe vissem nos poemas mais característicos tão só "fotografias sem vida".[36] A despeito de suas vagas simpatias, Williams jamais foi um radical de esquerda. Era um democrata na tradição norte-americana (chegou a escrever um poema em favor do Partido Democrático) e suas ideias em matéria de socialismo não iam além do Crédito Social, doutrina reformista que, opondo-se à usura e ao monopólio creditício, para ela o busílis dos males econômicos, advogava uma democratização cooperativista do crédito, de molde a evitar soluções mais extremadas como o comunismo ou o fascismo e a conduzir a um Estado de bem-estar social.

Há certa afinidade entre estas ideias e as que Pound expressou na conhecida objurgatória contra a usura do 45º dos seus *Cantos*. Também em "Mulher diante de um banco", Williams versa miniaturalmente um tema correlato. Só que não

---

36 Apud Mike Weaver, op. cit., p. 97.

em tom de invectiva, mas de sátira. O sal desse pequeno flagrante do cotidiano está todo nas acepções metafóricas de "coluna", palavra cujo sentido de base, dentro do contexto, é o de coluna arquitetônica, que, tanto quanto o frontão a que sustenta, serve para dar ao edifício do banco uma imponência hierática, capaz de dissipar quaisquer dúvidas a respeito da segurança dos seus investimentos, "sólidos/ como rocha". Investimentos que são, por sua vez, as colunas sobre as quais "o mundo/ se firma". Isto é, o "mundo da finança", ou "o único mundo", segundo observa ironicamente o poeta. Mas o verso de abertura, "O banco é uma questão de colunas", aponta ainda para uma acepção figurada, de uso rotineiro na contabilidade bancária: as colunas das somas. E é ainda outro desdobramento metafórico da mesma palavra — a comparação das "pernas nuas" da mulher a "duas colunas sustentando/ seu rosto" — que vai articular, para além do simples acaso de a mulher ter parado em frente ao banco, a imponência financeira deste com a insignificância doméstica daquela. Repara-se, pela descrição, que se trata de uma mulher do povo — não traz meias nem chapéu e o seu vestido é de algodão reles —, de alguém pertencente, pois, ao mundo da "gente que não é ninguém", ou melhor ainda, ao não mundo, já que o "mundo da finança" é o "único mundo".

Essas ilações estão mais ou menos à flor da semântica do texto. Não o está, porém, aquela sibilina e extravagante comparação do rosto da mulher (símile antitético do frontão do banco, parque igualmente sustentado por colunas) ao rosto de Lênin e Darwin. Teria o símile intempestivo a função de insinuar uma leitura mais "política" do contraste mulher do povo/templo da finança? Lênin porque chefiasse uma revolução que sacudiu as até então inabaladas colunas do capitalismo financeiro, Darwin porque a sua teoria da evolução das espécies não tardasse a ser transposta do plano biológico para o social? Ou o disparate metafórico buscaria apenas produzir efeitos de grotesco? Não há como responder em definitivo, e a impossibilidade de respostas definitivas é uma regra de jogo aceita in limine pelo exegeta de poesia.

V

Para fecho das considerações em torno da metafórica de Williams, é oportuno mencionar ainda, por singularmente discrepante do padrão de objetivismo, neutro o mais das vezes, da sua poesia, os tercetos de "Estas". Num clima de solidão elegíaca, visitada por "vacuidade/ desespero", em meio aos "clarões e estrondos de guerra" (o poema é de um livro de data significativa, 1938), a subjetividade se debruça sobre as trevas do seu imo — "e o coração submerge/ mais fundo que a noite // um sítio vácuo" — para lá descobrir uma "fonte de poesia". Fonte metafisicamente fora do tempo, a julgar pela alusão ao relógio parado na penúltima estrofe, e a cujos ouvidos a dinâmica do som se eterniza em estática de pedra.

Discreto mas perceptível, um clima metafísico pervaga os últimos poemas de Williams. "A Daphne e Virginia" é uma como que meditação acerca do amor e, correlatamente, do paradoxo de a mente, "causa de nossos sofrimentos", ser também a possibilidade da transcendência do Eu rumo ao Outro, aqui "um mundo de mulheres" cuja interioridade está vedada aos homens, não obstante o amor que delas os aproxima. A consciência da barreira entre feminino e masculino é desencadeada por uma sensação olfativa: o aroma estival de buxo avivando "os nossos pensamentos/ que não tinham vida própria". Para falar dessa intangível barreira às duas mulheres a que a peça está dedicada e que nele personificam a feminilidade em geral, o poeta se desculpa de o fazer "num poema". Isso porque o que lhes tem a dizer sobre o "árduo/ dar e tomar/ da vida de um homem com/ uma mulher", é algo tão inefável quanto o aroma de buxo que o traz à lembrança dos separados pela barreira: "O odor de buxo/ é o odor daquilo que/ partilhado em separado,/ cada uma delas consigo/ eu também partilho/ em separado". Só mesmo o poema, onde a mente vive, porquanto "a mente e o poema/ são uma só coisa", poderá dar voz articulada a esse misterioso "daquilo". Que não é bem o instinto sexual, mas uma contrapressão, irmanada aos ritmos cósmicos ("em consonância com a lua"), algo "além/ e acima" dele, algo "que se quer elevar/ soltar-se, ficar/ livre". E o poema — como todo poema digno do nome, que não define, mas antes sugere e presentifica — não chega a precisar o que seja essa misteriosa ânsia de transcendência da barreira do sexo. Numa brusca mudança de elocução, do meditativo para o fabular, o poeta passa a descrever-nos uma cena rural: um ganso gordo a bambolear-se pelo pátio da velha granja lhe sugere a ideia de que o homem, "contra a sua própria razão/ fala de amor, por vezes,/ quando fica velho".

Ainda que sub-reptício, o registro fabular, vale dizer: o uso da analogia parenética ou moralizante, com fins de ironia, entre o reino dos bichos e das coisas e o mundo dos homens, reaparece em "O pardal". Esse poema de impiedosa objetividade a respeito dos hábitos de vida do pássaro que lhe dá nome, em particular a sua sexualidade ruidosa e a agressividade de vencedor com que sai atrás do seu sustento, não propõe nenhuma analogia ostensiva. Entretanto, certos versos a insinuam. Quando o poeta diz ver no pardal "uma verdade mais poética/ do que natural", está-lhe implicitamente atribuindo papel fabular. O qual se confirma pouco adiante numa passagem sobre o acasalamento do pássaro, passagem em que um "nós" generalizador e filosofante dá à até aquela altura neutra descrição um alcance alusivo:

> Tudo começa no ovo,
> seu sexo o engendra:
> Que haverá de mais pretensiosamente
> inútil
> ou de que
> tanto nos vangloriemos?
> Ele acarreta as mais das vezes
> nossa perda.

Mas é no episódio conclusivo do pardal justiçado pela fêmea da espécie e emblematicamente crucificado no asfalto, que a matreira abusividade do poema atinge a temperatura máxima, inculcando-o uma feroz fábula sexual.

Já não há ferocidade, e sim compreensão madura do "árduo/ dar e tomar/ da vida de um homem com/ uma mulher", nas estrofes também triádicas de "A coroa de hera", que faz parte, como "O pardal", de *Journey to Love* [Jornada ao amor, 1955], dedicado por Williams à sua esposa. Nessas estrofes, a pessoalização da voz do poeta, isto é, a confluência do eu real e do eu poético, atinge um de seus picos. Trata-se, porém, de uma pessoalização bastante paradoxal. Pois, ao versar sua experiência amorosa, o poeta não o faz para aliviar-se cataricamente. Cuida mais é de tirar, em diapasão filosofante ou, se se preferir, metafísico, as lições de vida que possa eventualmente oferecer, donde essa reflexão lírica sobre as perplexidades do amor partir também fabularmente do eu para o nós, do específico para o genérico. E mais uma vez é a metáfora que estabelece o vínculo de labilidade entre um e outro. De uma metáfora convencional, a da rosa e dos espinhos como figuração dos prazeres e pesares simultâneos da vida, a mestria de Williams sabe tirar novos efeitos, usando-a para extremar, do egoísmo e crueldade do "amor dos jovens", o "prêmio precioso" da compreensão conquistado pelos amantes já experimentados na difícil arte de avançar por entre urzes:

> *Em nossa idade a imaginação*
>   *acima dos tristes fatos*
>   *nos incita*
> *a fazer as rosas*
>   *se anteporem aos espinhos.*

VI

O prêmio nacional de poesia atribuído em 1950 a William Carlos Williams pela publicação do livro terceiro de *Paterson* e dos seus *Poemas escolhidos* serviu para dar um testemunho público mais amplo da repercussão da sua obra. Obra que só fez crescer ao longo dos anos, com o aparecimento de novos volumes de poesia e prosa, quer de ficção quer ensaística. Em 1951, problemas de saúde o levaram a renunciar à sua clínica, que ele deixou daí em diante a cargo de um filho também médico. Em 1952 indicaram-no para consultor de poesia da Biblioteca do Congresso; a nomeação não chegou a efetivar--se por causa de pressões políticas. Perfidamente acusado de simpatias fascistas devido à sua amizade com Pound, teve sua vida investigada pelo FBI; depois, foi o Comitê de Atividades Antiamericanas, nos tempos de McCarthy, que o fichou como comunista a pretexto de uma declaração contra a prisão de Earl Browder, dirigente do PC. Nada disso obstou a que, nos anos subsequentes, outros importantes prêmios literários lhe fossem conferidos. Os dois últimos, o Pulitzer de poesia e a medalha de ouro do Instituto Nacional de Artes e Letras, o foram em caráter póstumo: Williams faleceu em Rutherford, a 4 de março de 1963. Mas não sem ter tido tempo de terminar o seu *opus magnum*.

Concebido originariamente em quatro partes, publicadas como livros separados em 1946, 1948, 1949 e 1951 respectivamente, *Paterson* acabou tendo uma quinta parte, aparecida em 1959. Para dar ao leitor uma ideia do que seja esse caudaloso poema cujos milhares de versos ocupam um volume de bom tamanho, seria preciso muito mais do que os dois pequenos trechos a que as limitações de espaço aqui nos obrigaram. Caudaloso diz respeito não somente à extensão física de *Paterson* mas também à sua inspiração fluvial. Conforme ficou dito mais atrás, foram as cataratas do rio Passaic, perto de Rutherford, que o inspiraram ao seu autor, o qual assim lhe resumiu o argumento dos quatro primeiros livros:

> *Paterson* é um longo poema em quatro partes — acerca de um homem ser, por si só, uma cidade, já que inicia, batalha, conquista e conclui a sua vida de maneiras que os diversos aspectos de uma cidade podem corporificar — e os detalhes de qualquer cidade, quando imaginativamente concebida, podem dar voz às mais íntimas convicções dele. A Parte Primeira introduz o caráter elementar do lugar. A Segunda Parte abrange as

réplicas modernas. A Terceira buscará uma linguagem para articulá-las vocalmente, e a Quarta, o rio abaixo das cataratas, relembrará episódios — tudo o que qualquer homem pode realizar ao longo de uma vida.

Na estrutura de *Paterson* há alguma influência dos *Cantos* de Pound. A começar da ambição épica do poema longo, com o seu *quantum satis* de narrativo, em desafio ao dogma da brevidade lírica postulado na "Filosofia da composição" de Poe e perfilhado pela poética contemporânea. Dos *Cantos* vem outrossim a sugestão de entremear livremente verso e prosa, tanto quanto a busca de uma dicção mais próxima do balanço da prosa que do verso batido. Todavia, ao contrário do mosaico cosmopolita dos *Cantos*, o mosaico paródico de *Paterson* é estritamente norte-americano. Para poder escrever o seu poema-rio, Williams empreendeu uma exaustiva pesquisa na história da região do Passaic, compulsando cartas e jornais antigos, notícias e anúncios, registros e documentos oficiais, livros de memórias e crônicas históricas etc. Seu propósito era correlacionar o encanto selvático da região antes do advento dos europeus, o seu passado colonial e a esqualidez da sua ulterior civilização fabril num vasto painel capaz de pôr à mostra o eventual nexo de continuidade entre fases tão dissímiles. Era, em suma, a tentativa de entender (e ecoar) a voz da terra, de alcançar o significado último da aventura norte-americana. E era, simultaneamente, um esforço de entender-se a si mesmo enquanto homem do seu tempo e cantor por excelência dessa aventura onde se mesclam inextricavelmente o individual e o coletivo.

Um aspecto fundamental de *Paterson* que não tem escapado à atenção dos seus exegetas é a dimensão metalinguística, a qual de resto se configura como típica da literatura mais criativa do século xx. Williams a destacou inclusive no resumo de argumento há pouco transcrito quando fala do propósito da Terceira Parte de encontrar uma linguagem adequada à expressão da civilização contemporânea. O que pudesse ser esse idioleto da modernidade resumiu-o o poeta na introdução que escreveu para um livro de um amigo seu, mas em que parece estar falando de *Paterson:*

> A verdade é que as notícias de jornal oferecem o justo incentivo para a poesia épica, a poesia dos acontecimentos. [...] O poema épico teria de ser o nosso "jornal". Os *Cantos* de Pound são um equivalente algébrico disso, mas um equivalente tão perversamente individual que não alcança ser compreendido universalmente como seria mister. [...] Terá de ser um estilo épico conciso, de pontaria certeira. Estilo de metralhadora.[37]

Que semelhante ideal de estilo se fosse consubstanciar numa obra onde, melhor do que em qualquer outra do nosso tempo, o local é sinônimo de universal, mostra que a lição de Williams foi mais do que uma lição de casa: foi uma lição de mundo.

Deixo aqui consignados meus agradecimentos ao Instituto de Estudos Avançados da Universidade de São Paulo, na pessoa dos profs. Carlos Guilherme Mota e Alfredo Bosi, pelo apoio financeiro e pelas facilidades de consulta às bibliotecas do campus da USP que colocou ao meu dispor para a elaboração do presente trabalho. Agradeço ain-

---

[37] Apud Mike Weaver, op. cit., p. 120.

da aos profs. Massaud Moisés e Francisco Maciel Silveira, do Centro de Estudos Portugueses da USP, pelo auxílio na obtenção de livros, e aos profs. Eric Mitchell Sabinson, do Instituto de Estudos da Linguagem da Universidade de Campinas, e Martha Steinberg, da Faculdade de Filosofia, Letras e Ciências Humanas da USP, que me ajudaram a esclarecer várias dúvidas de interpretação textual.

De AO QUE QUER
AL QUE QUIERE!, 1917

Apology

Why do I write today?

The beauty of
the terrible faces
of our nonentities
stirs me to it:

colored women
day workers —
old and experienced —
returning home at dusk
in cast off clothing
faces like
old Florentine oak.

Also

the set pieces
of your faces stir me —
leading citizens —
but not
in the same way.

Explicação

Por que eu hoje escrevo?

A beleza das
caras terríveis
de gente nossa que não é ninguém
me estimula a isso:

mulheres de cor
trabalhadoras diaristas —
idosas e experientes —
voltando à casa de noitinha
com suas velhas roupas
suas caras em velho
carvalho florentino.

Também

as peças bem ajustadas
de vossas caras me estimulam —
cidadãos de prol —
só que não
da mesma maneira.

El Hombre

*It's a strange courage
you give me ancient star:*

*Shine alone in the sunrise
toward which you lend no part!*

El hombre

Estranha é a coragem
que me dás estrela antiga:

Brilha sozinha na alvorada
para a qual em nada contribuis!

Dedication for a Plot of Ground

*This plot of ground
facing the waters of this inlet
is dedicated to the living presence of
Emily Dickinson Wellcome
who was born in England, married,
lost her husband and with
her five year old son
sailed for New York in a two-master,
was driven to the Azores;
ran adrift on Fire Island shoal,
met her second husband
in a Brooklyn boarding house,
went with him to Puerto Rico
bore three more children, lost
her second husband, lived hard
for eight years in St. Thomas,
Puerto Rico, San Domingo, followed
the oldest son to New York,
lost her daughter, lost her "baby",
seized the two boys of
the oldest son by the second marriage
mothered them — they being
motherless — fought for them
against the other grandmother
and the aunts, brought them here
summer after summer, defended
herself here against thieves,*

Consagração de um pedaço de terra

Este pedaço de terra
defronte às águas do estreito
é consagrado à presença viva de
Emily Dickinson Wellcome
que nasceu na Inglaterra, se casou,
perdeu o marido e com
seu filho de cinco anos
veio para Nova York num navio de dois mastros,
foi bater nos Açores;
vogou a esmo até o baixio de Fire Island,
encontrou o segundo marido
numa pensão do Brooklyn,
foi com ele para Porto Rico
deu à luz mais três filhos, perdeu
seu segundo marido, teve oito anos
de vida dura em St. Thomas,
Porto Rico, São Domingos, acompanhou
o filho mais velho a Nova York,
perdeu sua filha, o seu "bebê",
pegou os dois meninos do
segundo casamento do filho mais velho
serviu-lhes de mãe — deles que eram
órfãos de mãe — lutou por eles
contra a outra avó
e as tias, trouxe-os para cá
verão após verão se defendeu
aqui contra ladrões,

storms, sun, fire,
against flies, against girls
that carne smelling about, against
drought, against weeds, storm-tides,
neighbors, weasels that stole her chickens,
against the weakness of her own hands,
against the growing strength of
the boys, against wind, against
the stones, against trespassers,
against rents, against her own mind.

She grubbed this earth with her own hands,
domineered over this grass plot,
blackguarded her oldest son
into buying it, lived here fifteen years,
attained a final loneliness and —

If you can bring nothing to this place
but your carcass, keep out.

tempestades, sol, incêndio,
contra moscas, moças
que vinham farejar à volta, contra
seca, ervas daninhas, marés de borrasca,
vizinhos, doninhas que lhe roubavam o galinheiro,
contra a fraqueza de suas próprias mãos,
contra a força crescente
dos meninos, contra ventos, contra
pedras, contra os invasores,
contra impostos, contra o seu próprio entendimento.

Cavoucou esta terra com suas próprias mãos,
reinou sobre esta leira de relva,
imprecou o filho mais velho
até que ele a comprasse, viveu aqui quinze anos,
alcançou a solidão definitiva e —

Se não puderes trazer a este lugar
mais do que a tua carcaça, fica longe dele.

De uvas azedas
SOUR GRAPES, 1921

Overture to a Dance of Locomotives

Men with picked voices chant the names
of cities in a huge gallery: promises
that pull through descending stairways
to a deep rumbling.

                The rubbing feet
of those coming to be carried quicken a
grey pavement into soft light that rocks
to and fro, under the domed ceiling,
across and across from pale
earthcolored walls of bare limestone.

Covertly the hands of a great clock
go round and round! Were they to
move quickly and at once the whole
secret would be out and the shuffling
of all ants be done forever.

A leaning pyramid of sunlight, narrowing
out at a high window, moves by the clock;
discordant hands straining out from
a center: inevitable postures infinitely
repeated —

two — twofour — twoeight!

Porters in red hats run on narrow platforms.

Abertura de uma dança de locomotivas

Homens de vozes seletas vão cantando os nomes
de cidades num vasto pórtico: promessas
que arrastam pela escadaria abaixo
até um fundo ribombar.

                        Os pés rascantes
dos que vêm para ser levados vivificam o
pavimento cinza com uma luz macia que balouça
de lá pra cá por sob o teto em cúpula,
de um lado a outro lado das paredes
de calcário cor de terra nu e lívido.

Às escondidas os ponteiros de um relógio
grande dão volta sobre volta! Andassem eles
depressa e prontamente todo
o segredo seria descoberto e dado um fim
ao arrastar de pés de todas as formigas.

Uma pensa pirâmide de luz do sol, a ponta
numa alta janela, se move perto do relógio;
ponteiros discordantes que se estiram para fora
de um centro: inevitáveis posturas infinitamente
repetidas —

duas — duas e quatro — duas e oito!

Cabineiros de boné vermelho correm estreitas plataformas.

This way ma 'am !
                              — important not to take
the wrong train!
                    Lights from the concrete
ceiling hang crooked but —
                              Poised horizontal
on glittering parallels the dingy cylinders
packed with a warm glow — inviting entry —
pull against the hour. But brakes can
hold a fixed posture till —
                              The whistle!

Not twoeight. Not twofour. Two!

Gliding windows. Colored cooks sweating
in a small kitchen. Taillights —
In time: twofour!
In time: twoeight!

— rivers are tunneled: trestles
cross oozy swampland: wheels repeating
the same gesture remain relatively
stationary: rails forever parallel
return on themselves infinitely.
                              The dance is sure.

Por aqui si'ora!
           — cuidado para não pegar
o trem errado!
             Luminárias pendem tortas do
teto de concreto mas —
                 Equilibrados horizontalmente
sobre paralelas que luzem os cilindros encardidos
atulhados de um cálido fulgor — entrada tentadora —
forcejam contra a hora. Mas os freios podem
manter uma postura fixa até —
                    O apito!

Não duas e oito. Ou duas e quatro. Duas!

Janelas de correr. Cozinheiros de cor suam
numa cozinha minúscula. Luzes de cauda —
A tempo: duas e quatro!
A tempo: duas e oito!

— rios viram túneis: viadutos
cruzam a vasa de atoleiros: rodas repetindo
o mesmo gesto permanecem relativamente
estacionárias: trilhos paralelos para sempre
voltam-se sobre si mesmos infinitamente.
                   A dança é segura.

The Widow's Lament in Springtime

Sorrow is my own yard
where the new grass
flames as it has flamed
often before but not
with the cold fire
that closes round me this year.
Thirtyfive years
I lived with my husband.
The plumtree is white today
with masses of flowers.
Masses of flowers
load the cherry branches
and color some bushes
yellow and some red
but the grief in my heart
is stronger than they
for though they were my joy
formerly, today I notice them
and turn away forgetting.
Today my son told me
that in the meadows,
at the edge of the heavy woods
in the distance, he saw
trees of white flowers.
I feel that I would like
to go there
and fall into those flowers
and sink into the marsh near them.

O lamento da viúva em plena primavera

O pesar é o meu quintal
onde a grama nova
flameja como tantas vezes
flamejou antes não porém
com o fogo gélido
que se fecha este ano à minha volta.
Trinta e cinco anos
vivi com meu marido.
A ameixeira hoje está branquinha
de pencas de flores.
Pencas de flores
carregam os galhos de cerejeira
e dão a alguns arbustos cor
amarela e vermelha a outros
mas o pesar dentro de mim
é mais forte que elas
pois embora fossem a minha alegria
antigamente, eu hoje as vejo
e lhes volto as costas deslembrada.
Hoje o meu filho me disse
que para lá dos prados,
na orla da floresta cerrada,
viu à distância
árvores de flores brancas.
Bem que eu gostaria
de ir até lá
para deixar-me tombar sobre essas flores
e afundar no brejo perto delas.

De primavera e o mais
spring and all, 1923

Spring and All

By the road to the contagious hospital
under the surge of the blue
mottled clouds driven from the
northeast — a cold wind. Beyond, the
waste of broad, muddy fields
brown with dried weeds, standing and fallen

patches of standing water
the scattering of tall trees

All along the road the reddish
purplish, forked, upstanding, twiggy
stuff of bushes and small trees
with dead, brown leaves under them
leafless vines —

Lifeless in appearance, sluggish
dazed spring approaches —

They enter the new world naked,
cold, uncertain of all
save that they enter. All about them
the cold, familiar wind —

Now the grass, tomorrow
the stiff curl of wildcarrot leaf

Primavera e o mais

A caminho do hospital de isolamento
sob as vagas de nuvens mosqueadas
de azul que chegam impelidas
do nordeste — um vento frio. Além, o
ermo de extensos campos lamacentos
pardos de erva ressequida, em pé ou aparada

nesgas de água parada
dispersão de árvores altas

Ao longo do caminho todo, ruivos, roxos
bifurcados, eretos, ramalhudos
os arbustos e arvoredos com
folhas de vide, pardas, mortas a seu pé
sem vides —

Sem vida aparente, a vagarosa
e tonta primavera se aproxima —

Eles entram o novo mundo nus,
friorentos, inseguros de tudo,
salvo que entram. À sua volta sempre
o vento frio, já conhecido —

Hoje a relva, amanhã a tesa folha
espiralada da cenoura brava

One by one objects are defined —
It quickens: clarity, outline of leaf

But now the stark dignity of
entrance — Still, the profound change
has come upon them: rooted, they
grip down and begin to awaken

Um por um os objetos se definem —
Mais depressa: luz, perfil de folha

Eis agora porém a hirta dignidade da
entrada — Entanto, a mudança profunda
acometeu-os: arraigados, eles
aferram-se ao chão e começam a acordar

The Pot of Flowers

Pink confused with white
flowers and flowers reversed
take and spill the shaded flame
darting it back
into the lamp's horn

petals aslant darkened with mauve

red where in whorls
petal lays its glow upon petal
round flamegreen throats

petals radiant with transpiercing light
contending
        above
the leaves
reaching up their modest green
from the pot's rim

and there, wholly dark, the pot
gay with rough moss.

O vaso de flores

Rosa confundido ao branco
flores e flores reversas
recolhem e derramam a flama velada
atirando-a de volta
à cornucópia da lâmpada

pétalas obscurecidas de través com malva

vermelho onde em volutas
cada pétala põe seu fulgor sobre outra pétala
à volta de gargantas flamiverdes

pétalas radiantes de luz transverberada
pelejando
        no alto
as folhas
estirando o seu verde acanhado
para fora da borda do vaso

e eis ali o vaso, de todo obscuro
garrido em sua capa de musgo.

The Farmer

*The farmer in deep thought
is pacing through the rain
among his blank fields, with
hands in pockets,
in his head
the harvest already planted.
A cold wind ruffles the water
among the browned weeds.
On all sides
the word rolls coldly away:
black orchards
darkened by the March clouds —
leaving room for thought.
Down past the brushwood
bristfing by
the rainsluiced wagonroad
looms the artist figure of
the farmer — composing
— antagonist*

O lavrador

Perdido em pensamentos o
lavrador passeia sob a chuva
por seus campos vazios, mãos
nos bolsos,
na cabeça
a colheita já plantada.
Um vento frio vem encrespar a água
entre as ervas tostadas.
Por toda parte
o mundo rola friorento para longe:
negros pomares
escurecidos pelas nuvens de março —
deixando espaço livre aos pensamentos.
Lá embaixo, além da galharia
rente
ao carreiro encharcado de chuva
assoma a figura artista do
lavrador — compondo
— antagonista

To Have Done Nothing

No that is not it
nothing that I have done
nothing
I have done

is made up of
nothing
and the diphthong

ae

together with
the first person
singular
indicative

of the auxiliary
verb
to have

everything
I have done
is the same

if to do
is capable
of an

Nada ter feito

Não não é isso
nada que eu tenho feito
nada
que eu tenho feito

é feito de
nada
e o ditongo

eu

seguido da
primeira pessoa
do singular
do indicativo

do verbo
auxiliar
ter

tudo
que eu tenho feito
dá no mesmo

se fazer
é capaz
de uma

infinity of
combinations

involving the
moral
physical
and religious

codes

for everything
and nothing
are synonymous
when

energy in vacuo
has the power
of confusion

which only to
have done nothing
can make
perfect

infinidade de
combinações

envolvendo os
códigos

morais
físicos
e religiosos

pois tudo
e nada
são sinônimos
quando

a energia *in vacuo*
tem o poder
de confusão

que só
nada ter feito
pode fazer
perfeito

The Rose

*The rose is obsolete
but each petal ends in
an edge, the double facet
cementing the grooved
columns of air — The edge
cuts without cutting
meets — nothing — renews
itself in metal or porcelain —*

whither? It ends —

*But if it ends
the start is begun
so that to engage roses
becomes a geometry —*

*Sharper, neater, more cutting
figured in majolica —
the broken plate
glazed with a rose*

*Somewhere the sense
makes copper roses
steel roses —*

*The rose carried weight of love
but love is at an end — of roses*

A rosa

A rosa é obsoleta
mas cada pétala sua finda em
gume, a dúplice faceta
cimentando as estriadas
colunas de ar — o gume
corta sem cortar
encontra — nada — se renova
a si mesmo em metal ou porcelana —

aonde? Finda —

Mas se finda
o início começa
de modo que avir-se com rosas
torna-se uma geometria —

Mais afiada, nítida, cortante
pintada na faiança —
o prato quebrado
com uma rosa vítrea

Algures o bom senso
faz rosas de cobre
rosas de aço —

A rosa tinha peso de amor
mas o amor está no fim — das rosas

It is at the edge of the
petal that love waits

Crisp, worked to defeat
laboredness — fragile
plucked, moist, half-raised
cold, precise, touching

What

The place between the petal's
edge and the

From the petal's edge a line starts
that being of steel
infinitely fine, infinitely
rigid penetrates
the Milky Way
without contact — lifting
from it — neither hanging
nor pushing —

The fragility of the flower
unbruised
penetrates space.

Está no gume da
pétala que amor aguarda

Crespa, cinzelada até frustrar
o deslavor — frágil
úmida, arrancada, soerguida
fria, precisa, comovente

O que

O luxar entre o gume das
pétalas e o

Do gume das pétalas sai uma linha
que por ser de aço
infinitamente fino, infinitamente
rijo penetra
a Via Láctea
sem contato — alçando-se além
dela — sem pender
nem impelir —

A fragilidade da flor
ilesa
penetra o espaço.

The Right of Way

*In passing with my mind
on nothing in the world*

*but the right of way
I enjoy on the road by*

*virtue of the law —
I saw*

*an elderly man who
smiled and looked away*

*to the north past a house —
a woman in blue*

*who was laughing and
leaning forward to look up*

*into the man's half
averted face*

*and a boy of eight who was
looking at the middle of*

*the man's belly
at a watchchain —*

O direito de passagem

Transitando com a ideia posta
em nada deste mundo

a não ser o direito de passagem
eu desfruto a estrada por

efeito de lei —
vi

um homem de idade
que sorriu e desviou o olhar

para o norte, além de uma casa —
uma mulher de azul

que estava rindo e se
inclinando para a frente

a fim de olhar o rosto meio
voltado do homem

e um menino de uns oito anos que
olhava para o meio da

barriga do homem
para uma corrente de relógio —

*The supreme importance
of this nameless spectacle*

*sped me by them
without a word —*

*Why bother where I went?
for I went spinning on the*

*four wheels of my car
along the wet road until*

*I saw a girl with one leg
over the rail of a balcony*

A suprema importância
deste inominado espetáculo

fez com que eu acelerasse
ao passar por eles sem palavra —

Por que me importaria o rumo?
e lá fui rodando sobre as

quatro rodas do meu carro
pela estrada molhada até

que vi uma moça com uma perna sobre
o parapeito de um balcão

To Elsie

The pure products of America
go crazy —
mountain folk from Kentucky

or the ribbed north end of
Jersey
with its isolate lakes and

valleys, its deaf-mutes, thieves
old names
and promiscuity between

devil-may-care men who have taken
to railroading
out of sheer lust of adventure —

and young slatterns, bathed
in filth
from Monday to Saturday

to be tricked out that night
with gauds
from imaginations which have no

peasant traditions to give them
character
but flutter and flaunt

A Elsie

Os puros produtos da América
endoidecem —
gente das montanhas do Kentucky

ou do aleirado extremo norte de
Jersey
com o isolamento de seus lagos e

vales, seus surdos-mudos, ladrões
velhas famílias
e promiscuidade entre

homens estabanados que se engajaram
na estrada de ferro
pelo simples desejo de aventura —

e moças desmazeladas chafurdando
na sujeira
de segunda a sábado

para nessa noite se enfeitarem
de penduricalhos
com imaginações a que nenhuma

tradição campônia dá
caráter
e lá se irem agitando e alardeando

*sheer rags — succumbing without
emotion
save numbed terror*

*under some hedge of choke-cherry
or viburnum —
which they cannot express —*

*Unless it be that marriage
perhaps
with a dash of Indian blood*

*will throw up a girl so desolate
so hemmed round
with disease or murder*

*that she'll be rescued by an
agent —
reared by the state and*

*sent out at fifteen to work in
some hard-pressed
house in the suburbs —*

*some doctor's family, some Elsie —
voluptuous water
expressing with broken*

*brain the truth about us —
her great
ungainly hips and flopping breasts*

meros trapos — sucumbir
sem qualquer emoção
a não ser terror entorpecido

sob alguma sebe de cerejas silvestres
ou de viburno —
que não sabem exprimir —

A menos seja que o enlace
talvez
com uma gota de sangue índio

torne a moça a tal ponto desolada
encurralada
por doença ou morte

que tenha de ser acudida por
um guarda —
criada pelo Estado e posta

a trabalhar aos quinze anos numa
precisada
casa dos subúrbios —

alguma família de médico, alguma Elsie —
água voluptuosa
a exprimir com defectivo

entendimento a verdade sobre nós —
seus grandes
quadris sem elegância e peitos bambos

*addressed to cheap
jewelry
and rich young men with fine eyes*

*as if the earth under our feet
were
an excrement of some sky*

*and we degraded prisoners
destined
to hunger until we eat filth*

*while the imagination strains
after deer
going by fields of goldenrod in*

*the stifling heat of September
Somehow
it seems to destroy us*

*It is only in isolate flecks that
something
is given off*

*No one
to witness
and adjust, no one to drive the car*

voltada para joias
baratas
e rapazes ricos de olhos sedutores

como se a terra sob nossos pés
fosse
o excremento de algum céu

e nós degradados prisioneiros
fadados
a passar fome até comer do lixo

enquanto a imaginação forceja
atrás de cervos
correndo campos de vara-de-ouro no

sufocante calor de setembro
De algum modo
isso parece destruir-nos

É só em partículas isoladas que
algo
se desprende

Ninguém
que testemunhe
e ajuste, ninguém que guie o carro

The Red Wheelbarrow

*so much depends
upon*

*a red wheel
barrow*

*glazed with rain
water*

*beside the white
chickens*

O carrinho de mão vermelho

tanta coisa depende
de um

carrinho de mão
vermelho

esmaltado de água da
chuva

ao lado das galinhas
brancas

At the Ball Game

The crowd at the ball game
is moved uniformly

by a spirit of uselessness
which delights them —

all the exciting detail
of the chase

and the escape, the error
the flash of genius —

all to no end save beauty
the eternal —

So in detail they, the crowd,
are beautiful

for this
to be warned against

saluted and defied —
It is alive, venomous

it smiles grimly
its words cut —

No jogo de beisebol

No jogo de beisebol a multidão
é identicamente animada

por um espírito de inutilidade
que a delicia —

todo o detalhe emocionante
da perseguição

e da evasão, o erro
o lampejo de gênio —

tudo sem outro fim que não a beleza
o eterno —

Assim em detalhe os da multidão
são belos

por isso
o prevenir-se contra

o saudar e reptar —
Ela está viva, virulenta

sorri ferozmente
suas palavras cortam —

*The flashy female with her
mother, gets it —*

*The Jew gets it straight — it
is deadly, terrifying —*

*It is the Inquisition, the
Revolution*

*It is beauty itself
that lives*

*day by day in them
idly —*

*This is
the power of their faces*

*It is summer, it is the solstice
the crowd is*

*cheering, the crowd is laughing
in detail*

*permanently, seriously
without thought*

A moça vistosa ao lado
de sua mãe, entende isso —

O judeu entende de imediato — ela
é mortífera, aterradora —

É a Inquisição, a
Revolução

É a própria beleza
que vive

dia por dia neles
ociosa —

Esse o
poder dos seus rostos —

É verão, é o solstício
a multidão está

gritando, a multidão está rindo
em detalhe

permanentemente, gravemente
sem pensar

De POEMAS REUNIDOS (*1921-31*)
COLLECTED POEMS (*1921-31*), 1934

The Cod Head

Miscellaneous weed
strands, stems, debris —
firmament

to fishes —
where the yellow feet
of gulls dabble

oars whip
ships churn to bubbles —
at night wildly

agitate phosphores-
cent midges — but by day
flaccid

moons in whose
discs sometimes a red cross
lives — four

fathom — the bottom skids
a mottle of green
sands backward —

amorphous waver-
ing rocks — three fathom
the vitreous

A cabeça de bacalhau

Miscelânea de algas
cordões, caules, detritos —
firmamento

de peixes —
onde as patas amarelas
das gaivotas chapinham

ramos batem
barcos deixam rastro de bolhas
— de noite doidamente

agitam-se fosfores-
centes animálculos — mas de dia
flácidas

luas em cujos
discos por vezes uma cruz vermelha
reside — quatro

braças — no fundo assenta
um salpico
de areias esverdeadas —

amorfo titu-
beio de rochas — três braças
o corpo

body through which —
small scudding fish deep
down — and

now a lulling lift
and fall —
red stars — a severed cod —

head between two
green stones — lifting
falling

vítreo pelo qual —
peixinhos velozes descem
fundo — e

eis embalo um sobe
e desce —
estrelas vermelhas — uma decepada

cabeça de bacalhau entre
duas pedras — subindo
descendo

Poem

*As the cat
climbed over
the top of*

*the jam closet
first the right
forefoot*

*carefully
then the hind
stepped down*

*into the pit of
the empty
flowerpot*

Poema

Ao trepar sobre
o tampo do
armário de conservas

o gato pôs
cuidadosamente
primeiro a pata

direita da frente
depois a de trás
dentro

do vaso
de flores
vazio

Nantucket

*Flowers through the window
lavender and yellow*

*changed by white curtains —
Smell of cleanliness —*

*Sunshine of late afternoon —
On the glass tray*

*a glass pitcher, the tumbler
turned down, by which*

*a key is lying — And the
immaculate white bed*

Nantucket

Flores através da janela
roxo pálido e amarelo

alterados por cortinas brancas —
Cheiro de limpeza —

Sol de fim de tarde —
Na bandeja de vidro

uma jarra de água, o copo
de boca pra baixo, junto dele

uma chave — E o
imaculado leito branco

The Attic Which Is Desire

the unused tent
of

bare beams
beyond which

directly wait
the night

and day —
Here

from the street
by

```
     *  *  *
     *  S  *
     *  O  *
     *  D  *
     *  A  *
     *  *  *
```

ringed with
running lights

the darkened
pane

O sótão que é desejo

a tenda abandonada
sob

o vão das vigas
nuas além das quais

estão diretamente à espera
a noite

e dia —
Aqui

desde a rua
junto à

   * * *
   * S *
   * O *
   * D *
   * A *
   * * *

orlada de
luzes piscantes

é que a vidraça
escurecida

exactly
down the center

is
transfixed

bem
no centro

é
transfixada

Death

*He's dead
the dog won't have to
sleep on his potatoes
any more to keep them
from freezing*

*he's dead
the old bastard —
He's a bastard because*

*there's nothing
legitimate in him any
more
    he's dead
He's sick-dead*

        *he's
a godforsaken curio
without
any breath in it*

*He's nothing at all
    he's dead
shrunken up to skin*

    *Put his head on
one chair and his*

Morte

Ele está morto
o cão não terá mais
de dormir sobre as batatas
dele para evitar
que congelem

está morto
o velho bastardo —
É um bastardo porque

já não há mais nada
de legítimo
nele
     está morto
de dar nojo

               é
uma velharia
esquecida de Deus sem
nenhum sopro de vida

Não é coisíssima alguma
     está morto
pele só

     Ponham-lhe a cabeça
numa cadeira e os

*feet on another and
he'll lie there
like an acrobat —*

*Love's beaten. He
beat it. That's why
he's insufferable —
   because
he's here needing a
shave and making love
an inside howl
of anguish and defeat —*

*He's come out of the man
and he's let
the man go —
            the liar*

*Dead
   his eyes
rolled up out of
the light — a mockery*

                *which
love cannot touch —*

*just bury it
and hide its face
for shame.*

pés em outra e ele
ficará ali esticado
feito um acrobata —

O amor batido. Por
ele. Eis por que
é insuportável —
    porque
ali jaz carecido
de barbear-se no peito
um uivo estrangulado
de amor e derrota —

Ele saltou para fora
do homem e deixou
o homem se ir embora —
                      o farsante

Morto
      de olhos
revirados no branco
sem luz — um escárnio

                que
o amor já não pode tocar —

enterrem-no e escondam-lhe
logo o rosto
de vergonha.

The Botticellian Trees

*The alphabet of
the trees*

*is fading in the
song of the leaves*

*the crossing
bars of the thin*

*letters that spelled
winter*

*and the cold
have been illumined*

*with
pointed green*

*by the rain and sun —
The strict simple*

*principles of
straight branches*

*are being modified
by pinched-out*

As árvores botticellianas

O alfabeto das
árvores

vai desmaiando na
canção das folhas

as hastes cortadas
das finas

letras que escreviam
inverno

e frio
foram iluminadas

com
pontas de verde

pela chuva e o sol —
As regras simples

e estritas dos ramos
retos

vão sendo alteradas
por ses de cor

*ifs of color, devout
conditions*

the smiles of love —
. . . . . .

*until the stript
sentences*

*move as a woman's
limbs under cloth*

*and praise from secrecy
quick with desire*

*love's ascendancy
in summer —*

*In summer the song
sings itself*

above the muffled words —

pinçados, por cláusulas
devotas

os sorrisos de amor —
. . . . . .

até as frases
desnudas

se moverem como braços
e pernas de mulher sob o tecido

e em sigilo o louvor
entoarem do desejo

e do império do amor
no estio —

No estio a canção
canta-se por si

acima das palavras surdas —

De um mártir precoce
AN EARLY MARTYR, 1935

An Early Martyr

Rather than permit him
to testify in court
Giving reasons
why he stole from
Exclusive stores
then sent post-cards
To the police
to come and arrest him —
if they could —
They railroaded him
to an asylum for
The criminally insane
without trial

The prophylactic to
madness
Having been denied him
he went close to
The edge out of
frustration and
Doggedness —

Inflexible, finally they
had to release him —
The institution was
"overcrowded"
They let him go
in the custody of

Um mártir precoce

Em vez de permitir que ele
testemunhasse em juízo
Alegando as razões
por que costumava furtar
Lojas de alta classe
e depois mandar cartões-postais
À polícia para
que o viesse prender
— se pudesse —
Eles o despacharam num trem
para um manicômio de
Criminosos alienados
sem julgamento

Tendo-lhe sido negada
a profilaxia da
Loucura
ele, pertinaz e
Frustrado, chegou perto
da beira do abismo —

Tiveram finalmente
de soltá-lo, o inflexível —
A instituição estava
"superlotada"
Deixaram-no ir-se
sob a custódia de um

*A relative on condition
that he remain
Out of the state —*

*They "cured" him all
right
But the set-up
he fought against
Remains —
and his youthful deed
Signalizing
the romantic period
Of a revolt
he served well
Is still good —*

*Let him be
a factory whistle
That keeps blaring —
Sense, sense, sense!
so long as there's
A mind to remember
and a voice to
carry it on —*

*Never give up
keep at it!
Unavoided, terrifying
to such bought
Courts as he thought
to trust to but they
Double-crossed him.*

Parente, com a condição
de viver
Fora do Estado —

Eles o "curaram" de
fato
Mas a armação
contra a qual lutou
Permanece —
e o feito juvenil
Dele que marcou
o período romântico
De uma revolta
a que tão bem serviu
Ainda é importante —

Que ele seja
uma sirene de fábrica
Que não para de tocar —
Razão, razão, razão!
enquanto houver
Uma memória que lembre
e uma voz que
Grite —

Não desistir nunca
insistir o tempo todo!
Sem ajuda, assustando
os tribunais venais
Que ele julgava
fidedignos mas que o
Traíram.

The Locust Tree in Flower
First version

Among
the leaves
bright

green
of wrist-thick
tree

and old
stiff broken
branch

ferncool
swaying
loosely strung —

come May
again
white blossom

clusters
hide
to spill

their sweets
almost
unnoticed

A acácia-meleira em flor
Primeira versão

Entre
as folhas
verde

claro
tronco fino
de árvore

e velho
galho rijo
roto

balançando
samambaia fresca
quase solta —

Maio vem
outra vez
brancas pencas

de flores
se escondem
para der-

ramar sua doçura
quase
despercebidas

*down
and quickly
fall*

e logo
depois
tombarem

The Locust Tree in Flower
Second version

Among
of
green

stiff
old
bright

broken
branch
come

white
sweet
May

again

A acácia-meleira em flor
Segunda versão

Por
entre
verde

velho
claro
rijo

roto
ramo
outro

branco
doce
Maio

vem

To a Poor Old Woman

munching a plum on
the street a paper bag
of them in her hand

They taste good to her
They taste good
to her. They taste
good to her

You can see it by
the way she gives herself
to the one half
sucked out in her hand

Comforted
a solace of ripe plums
seeming to fill the air
They taste good to her

A uma velha pobre

mascando ameixas pela
rua um saco de papel
cheio delas na mão

Elas lhe parecem saborosas
Elas lhe parecem
saborosas. Elas
lhe parecem saborosas

A gente pode ver isso
pelo jeito dela
se concentrar na fruta
meio chupada

Satisfeita
um gosto de ameixas maduras
como que enchendo o ar
Elas lhe parecem saborosas

Proletarian Portrait

*A big young bareheaded woman
in an apron*

*Her hair slicked back standing
on the street*

*One stockinged foot toeing
the sidewalk*

*Her shoe in her hand, Looking
intently into it*

*She pulls out the paper insole
to find the nail*

That has been hurting her

Retrato proletário

Mulher jovem corpulenta sem chapéu
de avental

Cabelo puxado para trás parada
na rua

A ponta do pé descalço
tocando a calçada

Sapato na mão. Olhando-
-o atentamente

Retira a palmilha de cartão
para achar o prego

Que a estava machucando

The Raper from Passenack

was very kind. When she regained
her wits, he said, It's all right, kid,
I took care of you.

What a mess she was in. Then he added,
You'll never forget me now.
And drove her home.

Only a man who is sick, she said
would do a thing like that.
It must be so.

No one who is not diseased could be
so insanely cruel. He wants to give it
to someone else —

to justify himself. But if I get a
venereal infection out of this
I won't be treated.

I refuse. You'll find me dead in bed
first. Why not? That's
the way she spoke,

I wish I could shoot him. How would
you like to know a murderer?
I may do it.

O estuprador de Passenack

foi muito gentil. Quando ela voltou
a si, ele disse: Está tudo bem, garota,
eu cuidei de você.

Ela toda descomposta. Ele acrescentou,
Agora você não me esquece mais. De carro
a levou para casa.

Só mesmo um tarado, disse ela
faria uma coisa destas.
Pois tem de ser.

Ninguém que não fosse doente seria
tão doido e tão cruel assim. Ele quis prejudicar
uma outra pessoa —

pra se justificar. Mas se eu tiver
doença venérea por causa disto
não quero ser tratada.

Eu me recuso. Vão me achar morta
na cama, em vez. Por que não? Foi
isso que ela falou.

Se eu pudesse dar um tiro nele. Que
tal conhecer uma assassina?
Bem que eu sou capaz.

*I'll know by the end of this week.
I wouldn't scream. I bit him
several times*

*but he was too strong for me.
I can't yet understand it. I don't
faint so easily.*

*When I came to myself and realized
what had happened all I could do
was to curse*

*and call him every vile name I could
think of. I was so glad
to be taken home.*

*I suppose it's my mind — the fear of
infection. I'd rather a million times
have been got pregnant.*

*But it's the foulness of it can't
be cured. And hatred, hatred of all men
— and disgust.*

Vou ficar sabendo até o fim da semana.
Eu não gritaria. Mordi ele
uma porção de vezes

mas ele era forte demais pra mim.
Ainda não consigo entender. Não costumo
desmaiar assim tão fácil.

Quando voltei a mim e percebi
o que tinha acontecido só pude
rogar uma praga

E xingar ele de todos os nomes feios
que lembrava. Eu estava tão feliz
de poder voltar pra casa.

Acho que é a preocupação — o medo
de pegar doença. Mil vezes preferível
eu ficar grávida.

Mas é a imundície de tudo que não pode
ser curada. E ódio, ódio de todos os homens
— e nojo.

The Catholic Bells

Tho' I'm no Catholic
I listen hard when the bells
in the yellow-brick tower
of their new church

ring down the leaves
ring in the frost upon them
and the death of the flowers
ring out the grackle

toward the south, the sky
darkened by them, ring in
the new baby of Mr. and Mrs.
Krantz which cannot

for the fat of its cheeks
open well its eyes, ring out
the parrot under its hood
jealous of the child

ring in Sunday morning
and old age which adds as it
takes away. Let them ring
only ring! over the oil

painting of a young priest
on the church wall advertising

Os sinos católicos

Mesmo sem ser católico
ouço atento quando os sinos
na torre de tijolos
da nova igreja deles

tocam a queda das folhas
e a geada que as cobre
e a morte das flores
tocam as graúnas

rumo ao sul, o céu
escuro delas, tocam
a vinda do novo bebê do
Sr. e Sra. Krantz

de bochechas tão cheias
que mal abre os olhos, o
papagaio de sob o capuz
com ciúmes da criança

tocam o domingo
de manhã pela velhice
que tomando dá. Que toquem
toquem sempre! sobre

o quadro a óleo de um
jovem padre anunciando

*last week's Novena to St.
Anthony, ring for the lame*

*young man in black with
gaunt cheeks and wearing a
Derby hat, who is hurrying
to 11 o'clock Mass (the*

*grapes still hanging to
the vine along the nearby
Concordia Halle like broken
teeth in the head of an*

*old man) Let them ring
for the eyes and ring for
the hands and ring for
the children of my friend*

*who no longer hears
them ring but with a smile
and in a low voice speaks
of the decisions of her*

*daughter and the proposals
and betrayals of her
husband's friends. O bells
ring for the ringing!*

*the beginning and the end
of the ringing! Ring ring
ring ring ring ring ring!
Catholic bells — !*

a novena de S. Antônio
semana passada, toquem

pelo jovem coxo de
preto, faces pálidas
e chapéu-coco que corre
para a missa das 11 (as

uvas inda pensas da
vinha ao longo do muro
do Concórdia
como os dentes estragados

de um velho) Toquem pelos
olhos e toquem pelas
mãos e toquem pelos
filhos do meu

amigo que não mais
os ouve mas sorrindo
fala em voz baixa
das decisões de sua

filha e das propostas
e traições de amigos
do marido dela. Ó sinos
toquem por tocar!

o começo e o fim
do tocar! Toquem toquem
toquem toquem toquem!
sinos católicos — !

De ADÃO E EVA E A CIDADE
ADAM AND EVE AND THE CITY, 1936

Adam

*He grew up by the sea
on a hot island
inhabited by negroes — mostly.
There he built himself
a boat and a separate room
close to the water
for a piano on which he practiced —
by sheer doggedness
and strenght of purpose
striving
like an Englishman
to emulate his Spanish friend
and idol — the weather!*

*And there he learned
to play the flute — not very well —*

*Thence he was driven
out of Paradise — to taste
the death that duty brings
so daintily, so mincingly,
with such a noble air —
that enslaved him all his life
thereafter —*

*And he left behind
all the curious memories that come*

Adão

Cresceu à beira-mar
numa ilha tropical
habitada por negros — quase só.
Ali construiu para si
um barco e um quarto separado
junto d'água
para o piano em que se exercitava —
de pura teimosia
e força de vontade
tentando
como bom inglês
emular seu amigo espanhol
e ídolo — o tempo!

E ali aprendeu
não muito bem — a tocar flauta —

Dali expulso
do Paraíso — conheceu
a morte que o dever inculca
com tanta afetação e requinte
com tal ar de nobreza —
que lhe escravizou a vida inteira
desde então —

E ele deixou atrás de si
todas as curiosas lembranças

*with shells and hurricanes —
the smells
and sounds and glancing looks
that Latins know belong
to boredom and long torrid hours
and Englishmen
will never understand — whom
duty has marked
for special mention — with
a tropic of its own
and its own heavy-winged fowl
and flowers that vomit beauty
at midnight —*

*But the Latin has turned romance
to a purpose cold as ice.
He never sees
or seldom
what melted Adam's knees
to jelly and despair — and
held them up pontifically —*

*Underneath the whisperings
of tropic nights
there is a darker whispering
that death invents especially
for northern men
whom the tropics
have come to hold.*

*It would have been enough
to know that never,*

que furacões e conchas trazem —
os cheiros
e sons e olhares de relance
que os latinos sabem ser próprios
do enfado e das longas horas tórridas
e que os ingleses
jamais entenderão — os que o dever
assinalou para menção
especial — os que têm
um trópico só para si
e aves de asas lentas
e flores que vomitam beleza
à meia-noite —

Mas o latino deu ao romantismo
um uso frio de gelo.
Quase nunca
ou mesmo nunca vê
o que fez tremer — geleia
e desespero — os joelhos de Adão
e os soergueu pontificalmente

Por sob os murmúrios
da noite nos trópicos
há um murmúrio mais sombrio
que a morte inventa especialmente
para os homens do Norte
aos quais os trópicos
chegaram a prender

Teria sido bastante
saber que nunca, nunca

*never, never, never would
peace come as the sun comes
in the hot islands.
But there was
a special hell besides
where black women lie waiting
for a boy —*

*Naked on a raft
he could see the barracudas
waiting to castrate him
so the saying went —
Circumstances take longer —*

*But being an Englishman
though he had not lived in England*
desde que avia cinco años
*he never turned back
but kept a cold eye always
on the inevitable end
never wincing — never to unbend —
God's handyman
going quietly into hell's mouth
for a paper of reference —
fetching water to posterity
a British passport
always in his pocket —
muleback over Costa Rica
eating pâtés of black ants*

*And the Latin ladies admired him
and under their smiles*

nunca a paz viria
como o sol nas ilhas
tropicais.
Porém havia
um inferno especial com mulheres
negras deitadas à espera
de um rapaz —

Nu sobre a jangada
dali podia ver as barracudas
à espera de castrá-lo
segundo se dizia —
As circunstâncias levam mais —

Sendo porém inglês
mesmo não tendo vivido na Inglaterra
desde que avia cinco años
nunca se voltava para trás
mantinha sempre um olho frio
posto no fim inevitável
jamais tremendo — jamais se distender —
faz-tudo de Deus
a descer tranquilo até a goela do inferno
em busca de uma carta de referência —
aguadeiro da posteridade
com um passaporte britânico
no bolso o tempo todo —
em lombo de mula Costa Rica afora
comendo patês de formigas pretas

E as senhoras latinas admiravam-no
e sob o sorriso delas dardejava

*dartled the dagger of despair —
in spite of
a most thorough trial —
found his English heart safe
in the roseate steel. Duty
the angel
which with whip in hand...
— along the low wall of paradise
where they sat and smiled
and flipped their fans
at him —*

*He never had but the one home
Staring Him in the eye
coldly
and with patience —
without a murmur, silently
a desperate, unvarying silence
to the unhurried last.*

a adaga do desespero —
não obstante
um transe assaz completo —
encontrou o coração inglês a salvo
no aço róseo. Dever
o anjo
que de látego em punho...
— ao longo do muro baixo do
paraíso onde sentadas sorriam
e abanavam os leques
para ele —

Teve sempre um só e único lar
Olhando-O bem no olho
friamente
e com paciência —
nem um murmúrio, só silêncio
desesperado, silêncio invariável
até o fim sem pressa.

De poemas reunidos completos
(*1906-38*)
THE COMPLETE COLLECTED POEMS
(*1906-38*), 1938

The Term

A rumpled sheet
of brown paper
about the length

and apparent bulk
of a man was
rolling with the

wind slowly over
and over in
the street as

a car drove down
upon it and
crushed it to

the ground. Unlike
a man it rose
again rolling

with the wind over
and over to be as
it was before.

A duração

Uma folha amarfanhada
de papel pardo mais
ou menos do tamanho

e volume aparente
de um homem ia
devagar rua abaixo

arrastada aos trancos
e barrancos pelo
vento quando

veio um carro e lhe
passou por cima
deixando-a aplastada

no chão. Mas diferente
de um homem ela se ergueu
de novo e lá se foi

com o vento aos trancos
e barrancos para ser
o mesmo que era antes.

The Poor

It's the anarchy of poverty
delights me, the old
yellow wooden house indented
among the new brick tenements

Or a cast-iron balcony
with panels showing oak branches
in full leaf. It fits
the dress of the children

reflecting every stage and
custom of necessity —
Chimneys, roofs, fences of
wood and metal in an unfenced

age and enclosing next to
nothing at all: the old man
in a sweater and soft black
hat who sweeps toe sidewalk —

his own ten feet of it
in a wind that fitfully
turning his corner has
overwhelmed the entire city

Os pobres

É a anarquia da pobreza
que me encanta, a velha
casa amarela de madeira recortada
em meio às novas casas de tijolo

Ou uma sacada de ferro fundido
com gradis representando ramos
folhudos de carvalho. Isso tudo combina
com as roupas das crianças

que refletem cada período e
estilo da necessidade —
Chaminés, telhados, cercas de
madeira e metal numa época

sem cercas delimitando quase
coisa alguma: o velho
de suéter e chapéu preto
a varrer a calçada —

os seus três metros de calçada
na ventania que inconstante
virou-lhe a esquina para vir
tomar conta da cidade inteira

These

*are the desolate, dark weeks
when nature in its barrenness
equals the stupidity of man.*

*The year plunges into night
and the heart plunges
lower than night*

*to an empty, windswept place
without sun, stars or moon
but a peculiar light as of thought*

*that spins a dark fire —
whirling upon itself until,
in the cold, it kindles*

*to make a man aware of nothing
that he knows, not loneliness
itself — Not a ghost but*

*would be embraced — emptiness,
despair — (They
whine and whistle) among*

*the flashes and booms of war;
houses of whose rooms
the cold is greater than can be thought,*

Estas

são as semanas sombrias, desoladas
em que na sua aridez a natureza
iguala a estupidez do homem.

O ano submerso faz-se noite
e o coração submerge
mais fundo do que a noite

num sítio vácuo, varrido pelo vento
sem sol, sem lua nem estrelas,
só uma estranha luz como de pensamento

que incita um fogo obscuro —
a girar sobre si mesma até,
na frialdade, incendiar-se

para tornar um homem cônscio
de nada que saiba, não a própria
solitude — Não um fantasma mas

seria abraçado — vacuidade,
desespero — (Eles
silvam e soluçam) entre

os clarões e estrondos de guerra;
casas em cujos aposentos
o frio é maior do que se possa pensar,

*the people gone that we loved,
the beds lying empty, the couches
damp, the chairs unused —*

*Hide it away somewhere
out of the mind, let it get roots
and grow, unrelated to jealous*

*ears and eyes — for itself.
In this mine they come to dig — all.
Is this the counterfoil to sweetest*

*music? The source of poetry that
seeing the clock stopped, says,
The clock has stopped*

*that ticked yesterday so well?
and hears the sound of lakewater
splashing — that is now stone.*

partidas as pessoas a quem amávamos,
os leitos vazios, as poltronas
úmidas, as cadeiras sem uso —

Trata de a esconder nalgum lugar
longe da lembrança, onde enraize
e cresça, a salvo dos ouvidos

zelosos e dos olhos — por si mesma.
Esta mina vêm eles escavá-la — todos.
Será isto a contraparte da música

mais suave? A fonte de poesia que
vendo o relógio parado, diz,
Parou o relógio que

ontem tiquetaqueava tão bem?
e ouve o som de água do lago
esparrinhando — pedra agora.

De O VÃO ROMPIDO
THE BROKEN SPAN, 1941

The Last Words of My English Grandmother
A shortened version of a poem first published in 1920

There were some dirty plates
and a glass of milk
beside her on a small table
near the rank, disheveled bed —

Wrinkled and nearly blind
she lay and snored
rousing with anger in her tones
to cry for food,

Gimme something to eat —
They're starving me —
I'm all right I won't go
to the hospital. No, no, no

Give me something to eat
Let me take you
to the hospital, I said
and after you are well

you can do as you please.
She smiled, Yes
you do what you please first
then I can do what I please —

Oh, oh, oh! she cried
as the ambulance men lifted

As últimas palavras da minha avó inglesa
Versão abreviada de um poema publicado pela primeira vez em 1920

Havia alguns pratos sujos
e um copo de leite
na mesinha ao lado dela
junto à cama rançosa, em desordem —

Encarquilhada e quase cega
ali jazia roncando
quando despertava, punha-se a gritar
em voz irada por comida,

Me dê alguma coisa pra comer —
Eles me matam de fome —
Estou bem não quero ir
para o hospital. Não, não, não

Me dê alguma coisa pra comer
Deixe-me levá-la
para o hospital, eu disse
e depois quando estiver bem

poderá fazer o que quiser.
Ela sorriu, Certo
Você faz o que quiser primeiro
aí poderei fazer o que eu quiser —

Oh, oh, oh! gritou ela
quando os homens da ambulância

her to the stretcher —
Is this what you call

making me comfortable?
By now her mind was clear —
Oh you think you're smart
you young people,

she said, but I'll tell you
you don't know anything.
Then we started.
On the way

we passed a long row
of elms. She looked at them
awhile out of
the ambulance window and said,

What are all those
fuzzy-looking things out there?
Trees? Well, I'm tired
of them and rolled her head away.

a puseram na maca —
É isso que vocês chamam

de me pôr a cômodo?
Já então estava lúcida —
Oh, vocês se acham espertos
vocês gente moça.

disse, mas eu garanto
que não sabem coisa alguma.
Então partimos.
No caminho

passamos por um longo renque
de olmos. Ela os contemplou
alguns instantes pela
janela da ambulância e disse,

O que são todas essas
coisas felpudas lá fora?
Árvores? Ora, estou cheia
delas, e sua cabeça rolou para o lado.

De A CUNHA
THE WEDGE, 1944

A Sort of a Song

*Let the snake wait under
his weed
and the writing
be of words, slow and quick, sharp
to strike, quiet to wait,
sleepless.*

*— through metaphor to reconcile
the people and the stones.
Compose. (No ideas
but in things) Invent!
Saxifrage is my flower that splits
the rocks.*

Uma espécie de canção

Que a cobra fique à espera sob
suas ervas daninhas
e que a escrita se faça
de palavras, lentas e prontas, rápidas
no ataque, quietas na tocaia,
sem jamais dormir.

— pela metáfora reconciliar
as pessoas e as pedras.
Compor. (Ideias
só nas coisas) Inventar!
Saxífraga é a minha flor que fende
as rochas.

Paterson: The Falls

What common language to unravel?
The Falls, combed finto straight lines
from that rafter of a rock's
lip. Strike in! the middle of

some trenchant phrase, some
well packed clause. Then...
This is my plan. 4 sections: First,
the archaic persons of the drama.

An eternity of bird and bush,
resolved. An unraveling:
the confused streams aligned, side
by side, speaking! Sound

married to strength, a strength
of falling — from a height! The wild
voice of the shirt-sleeved
Evangelist rivaling, Hear

me! I am the Resurrection
and the Life! echoing
among the bass and pickerel, slim
eels from Barbados, Sargasso

Sea, working up the coast to that
bounty, ponds and wild streams —

Paterson: As quedas-d'água

Que linguagem comum desenredar?
As Quedas, linhas retas penteadas
desde aquele caibro, ressalto
de uma rocha. Penetrar! no meio de

alguma frase cortante, alguma
cláusula bem compacta. E então...
Eis o meu plano. 4 partes: A primeira,
as arcaicas personagens do drama.

Uma eternidade de aves e arvoredos,
resolutos. Um desenredamento:
os riachos confusos alinhados, lado
a lado, falando! Som

casando-se a força, uma força
de queda — e que altura! A rústica
voz em mangas de camisa
do Evangelista a emular, Ouçam-

-me! Sou a Ressurreição
e a Vida! a ecoar
entre a perca e o lúcio, entre as esguias
enguias de Barbados e do Mar

de Sargaços, remontando a costa até
aquele prêmio, pegos e riachos bravos —

Third, the old town: Alexander Hamilton
working up from St. Croix,

from that sea! and a deeper, whence
he came! stopped cold
by that unmoving roar, fastened
there: the rocks silent

but the water, married to the stone,
voluble, though frozen; the water
even when and though frozen
still whispers and moans —

And in the brittle air
a factory bell clangs, at dawn, and
snow whines under their feet. Fourth,
the modern town, a

disembodied roar! the cataract and
its clamor broken apart — and from
all learning, the empty
ear struck from within, roaring...

Terceira, a cidade velha: Alexander Hamilton
remontando desde St. Croix,

desde aquele mar! e um mais fundo, de onde
veio! e interdito parou
ante o rugido imóvel, lá
pregado: as rochas silenciosas

mas, casada à pedra, a água
volúvel, congelada embora; a água
mesmo quando e embora congelada
sussurra ainda e geme —

E no ar friável
toca um sino de fábrica, amanhece e
a neve choraminga aos seus pés. Quarta,
a cidade moderna, num

rugido incorpóreo! a catarata e
seu clamor desconjuntados — e de
todo saber vazio, o
ouvido percutido por dentro, a rugir...

Burning the Christmas Greens

Their time past, pulled down
cracked and flung to the fire
— go up in a roar

All recognition lost, burnt clean
clean in the flame, the green
dispersed, a living red,
flame red, red as blood wakes
on the ash —

and ebbs to a steady burning
the rekindled bed become
a landscape of flame

At the winter's midnight
we went to the trees, the coarse
holly, the balsam and
the hemlock for their green

At the thick of the dark
the moment of the cold's
deepest plunge we brought branches
cut from the green trees

to fill our need, and over
doorways, about paper Christmas
bells covered with tinfoil
and fastened by red ribbons

Queimando as sempre-verdes de Natal

Findo o seu tempo, retirados
quebrados e lançados à lareira
— rugem numa labareda só

Já irreconhecíveis, pegam fogo
fácil e eis que o verde verte-
-se em vermelho vivo,
flamirrubro sangue desperto
sobre a cinza —

que reflui em queima regular
quando brota das brasas reacesas
uma paisagem de chamas

Na meia-noite de inverno
fomos até o bosque procurar
o verde áspero do azevinho,
do abeto-bálsamo e da tsuga

Do mergulho para dentro
do momento mais frio
da escuridão compacta, nós trouxemos
ramos de sempre-verde,

quanto precisávamos, e sobre
o vão das portas, sobre os sinos
natalinos de papel prateado
fixados com fitas vermelhas

*we stuck the green prongs
in the windows hung
woven wreaths and above pictures
the living areen. On the*

*mantle we built a green forest
and among those hemlock
sprays put a herd of small
white deer as if they*

*were walking there. All this!
and it seemed gentle and good
to us. Their time past,
relief! The room bare. We*

*stuffed the dead grate
with them upon the half burnt out
log's smoldering eye, opening
red and closing under them*

*a. d we stood there looking down.
Green is a solace
a promise of peace, a fort
against the cold (though we*

*did not say so) a challenge
above the snow's
hard shell. Green (we might
have said) that, where*

*small birds hide and dodge
and lift their plaintive*

prendemos os galhos verdes
e às janelas suspendemos
grinaldas e sobre os quadros
o verde vivo. Em cima do

consolo da lareira construímos
uma floresta verde e entre as ramagens
da tsuga pusemos um rebanho
de renazinhas brancas como se

por ali andassem. Isso tudo!
e nos parecia bom,
reconfortante. Findo o seu
tempo, alívio! A sala nua. E

atulhamos a lareira quase
extinta com eles, o olho
semiapagado de um tronco
a piscar, brasa, por debaixo

e ali ficamos vendo-os.
O verde é um reconforto
uma promessa de paz, um forte
contra o frio (embora não

o disséssemo-nos) um desafio
acima da neve, casca
rija. O verde (poderíamos
ter dito) que, refúgio

de esquivos passarinhos
a lançarem dali os seus queixosos

*rallying cries, blocks for them
and knocks down*

*the unseeing bullets of
the storm. Green spruce boughs
pulled down by a weight of
snow — Transformed!*

*Violence leaped and appeared.
Recreant! roared to life
as the flame rose through and
our eyes recoiled from it.*

*In the jagged flames green
to red, instant and alive. Green!
those sure abutments... Gone!
lost to mind*

*and quick in the contracting
tunnel of the grate
appeared a world! Black
mountains, black and red — as*

*yet uncolored — and ash white,
an infant landscape of shimmering
ash and flame and we, in
that instant, lost,*

*breathless to be witnesses,
as if we stood
ourselves refreshed among
the shining fauna of that fire.*

chamamentos, serve de anteparo
a eles, protegendo-os

dos invisíveis projetis
da tempestade. Verdes ramos
de abeto vergados sob o peso
da neve. — Transformados!

A violência irrompeu, mostrou-se.
E, traidora!, rugiu viva
quando a chama forçou, erguendo-se,
nossos olhos a recuarem.

Nos dentes das chamas, verde
a vermelho, vivos, instantâneos. Verde!
os esteios tão firmes... Derrocados!
perdidos para a mente

e pronto, na lareira
em meio ao túnel que se estreita
um mundo apareceu! Os negros
montes, negros e vermelhos — inda

quase sem cor — e cinza-branca
uma tenra paisagem de luzente
cinza e chama e nós, naquele
instante, nós sem fôlego

nem rumo, testemunhas,
como se revigorados
estivéssemos nós mesmos entre
a fauna fulgente desse fogo.

The Poem

*It's all in
the sound. A song.
Seldom a song. It should*

*be a song — made of
particulars, wasps,
a gentian — something
immediate, open*

*scissors, a lady's
eyes — waking
centrifugal, centripetal*

O poema

Tudo está
no som. Do som, a canção.
Mesmo rara. Bom

que seja uma canção — com
pormenores, vespas,
uma genciana — algo
imediato, tesoura

aberta, olhos
de senhora — desperta,
centrífuga, centrípeta

The Forgotten City

When with my mother I was coming down
from the country the day of the hurricane,
trees were across the road and small branches
kept rattling on the roof of the car
There was ten feet or more of water
making the parkways impassible with wind
bringing more rain in sheets. Brown torrents
gushed up through new sluices in the
valley floor so that I had to take what road
I could find bearing to the south and west,
to get back to the city. I passed through
extraordinary places, as vivid as any
I ever saw where the storm had broken
the barrier and let through
a strange commonplace: Long, deserted avenues
with unrecognized names at the corners and
drunken looking people with completely
foreign manners. Monuments, institutions
and in one place a large body of water
startled me with an acre or more of hot
jets spouting up symmetrically over it. Parks.
I had no idea where I was and promised myself
I would some day go back to study this
curious and industrious people who lived
in these apartments, at these sharp
corners and turns of intersecting avenues
with so little apparent communication

A cidade esquecida

Quando com minha mãe eu vinha vindo
do campo no dia daquele furacão,
havia árvores atravessando a estrada e galhos
tamborilavam o teto do carro o tempo todo
Havia dez pés ou até mais de água
nos bulevares intransitáveis, com o vento
trazendo mais lençóis de chuva. Sujas
torrentes golfavam das regueiras novas
no chão do vale e tive de meter-me
pelas trilhas que achasse rumo sudoeste
para poder voltar à cidade. Atravessei
lugares extraordinários, os mais vívidos de quantos
conhecera e nos quais a tempestade tinha
deitado abaixo a barreira pondo à vista
um raro lugar-comum: Desertas, longas
avenidas, nomes irreconhecíveis nas placas e
pessoas com ar de bêbadas, maneiras
estrangeiras de todo. Instituições, monumentos
e em certo lugar uma grande extensão de água
surpreendeu-me, dez acres ou mais com jatos
quentes, simétricos jorrando. Parques.
Não tinha ideia de onde estava e prometi
a mim mesmo voltar algum dia a fim de estudar essas
pessoas curiosas, operosas que viviam
naqueles apartamentos e naquelas
bruscas esquinas e curvas de avenidas se cruzando
de tão pouca comunicação aparente

with an outside world. How did they get cut off this way from representation in our newspapers and other means of publicity when so near the metropolis, so closely surrounded by the familiar and the famous?

com o mundo exterior. Como fora que se tinham
isolado assim de representação em nossos
jornais e outros veículos de publicidade
ali tão perto da metrópole, rodeadas
pelo familiar e o famoso?

The Yellow Chimney

There is a plume
of fleshpale
smoke upon the blue

sky. The silver
rings that
strap the yellow

brick stack at
wide intervals shine
in this amber

light — not
of the sun not of
the pale sun but

his born brother
the
declining season

A chaminé amarela

Há uma pluma
de fumaça cor
de carne pálida no azul

do céu. Os aros
prateados que circundam
a longos intervalos

os tijolos amarelos da
chaminé cintilam
nesta luz

ambarina — não
do sol não do
pálido sol mas

de seu irmão
nato o
outono

The Bare Tree

The bare cherry tree
higher than the roof
last year produced
abundant fruit. But how
speak of fruit confronted
by that skeleton?
Though live it may be
there is no fruit on it.
Therefore chop it down
and use the wood
against this biting cold.

A árvore sem folhas

A cerejeira sem folhas
mais alta que o teto
deu ano passado
muita fruta. Como
falar porém de fruta diante
desse esqueleto?
Embora possa estar vivo
não há fruta nele.
Por isso derrubem-no
e usem a lenha contra
este frio cortante.

De as nuvens
THE CLOUDS, 1948

A Woman in Front of a Bank

The bank is a matter of columns,
like convention,
unlike invention; but the pediments
sit there in the sun

to convince the doubting of
investments "solid
as rock" — upon which the world
stands, the world of finance,

the only word: Just there,
talking with another woman while
rocking a baby carriage
back and forth stands a woman in

a pink cotton dress, bare legged
and headed whose legs
are two columns to hold up
her face, like Lenin's (her loosely

arranged hair profusely blond) or
Darwin's and there you
have it:
a woman in front of a bank.

Mulher diante de um banco

O banco é uma questão de colunas,
tal como a convenção,
e não a invenção; mas os frontões
lá estão sob o sol

para acalmar as dúvidas
de investimentos "sólidos
como rocha" — sobre os quais o mundo
se firma, o mundo da finança,

o único mundo: logo ali,
conversando com outra mulher enquanto
embala um carrinho de criança
de lá pra cá está uma mulher com um

vestido rosa de algodão, sem meias
nem chapéu; as pernas nuas
são duas colunas sustentando
seu rosto, como o de Lênin (o cabelo

frouxamente preso muito louro) ou
de Darwin, e aí
está:
mulher diante de um banco.

The Horse

*The horse moves
independently
without reference
to his load*

*He has eyes
like a woman and
turns them
about, throws*

*back his ears
and is generally
conscious of
the world. Yet*

*he pulls when
he must and
pulls well, blowing
fog from*

*his nostrils
like fumes from
the twin
exhausts of a car.*

O cavalo

O cavalo anda
independentemente
sem qualquer referência
à sua carga

Tem olhos
de mulher e
os faz
girar, põe

as orelhas para trás
e está geralmente
cônscio do
mundo. Entretanto

puxa quando
tem de e
puxa bem, soprando
vapor pelas

narinas
feito fumaça do
duplo
escapamento de um carro.

De POEMAS ULTERIORES REUNIDOS
THE COLLECTED LATER POEMS, 1950

A Note

When the cataract dries up, my dear
all minds attend it.
There is nothing left. Neither sticks
nor stones can build it up again
nor old women with their rites of green twigs

Bending over the remains, a body
struck through the breast bone
with a sharp spear — they have borne him
to an ingle at the wood's edge
from which all maidenhood is shent

— though he roared
once the cataract is dried up and done.
What rites can do to keep alive
the memory of that flood they will do
then bury it, old women that they are,
secretly where all male flesh is buried.

Uma nota

Quando a catarata seca, minha cara
todas as mentes a assistem.
Nada resta. Nem paus
nem pedras a poderão reconstruir
nem anciãs com os seus ritos de raminhos verdes

Debruçadas sobre os restos, corpo
varado à altura do esterno
por uma lança aguda — elas o levaram
até uma lareira à beira do bosque
onde toda virgindade é afronta

— embora urrasse
depois de a catarata estar seca e finda.
Os ritos que possam fazer a fim de manter viva
a lembrança daquele rio, elas irão fazê-los
para depois o enterrar, anciãs que são,
secretamente onde se enterra toda carne de macho.

Seafarer

*The sea will wash in
but the rocks — jagged ribs
riding the cloth of foam
or a knob or pinnacles
      with gannets —
are the stubborn man.*

*He invites the storm, be
lives by it! instinct
with fears that are not fears
but prickles of ecstasy,
a secret liquor, a fire
that inflames his blood to
coldness so that the rocks
seem rather to leap
at the sea than the sea
to envelope them. They strain
forward to grasp ships
or even the sky itself that
bends down to be torn
upon them. To which he says,
It is I! I who am the rocks!
Without me nothing laughs.*

Navegante

O mar virá escavar
mas as rochas — arestas denteadas
a cavaleiro da toalha de espuma
ou uma corcova ou então pináculos
        com mergulhões —
são o homem pertinaz.

Ele provoca a tempestade, ele
vive por ela! repassado
de temores que não são temores
mas aguilhões de êxtase,
um álcool secreto, um fogo
que lhe inflama o sangue até
a frieza pelo que as rochas
mais parecem lançar-se
sobre o mar do que o mar
envolvê-las. Estiram-se
no esforço de agarrar navios
ou até o próprio céu que
se debruça para ser despedaçado
sobre elas. Ao que ele diz,
Sou eu! Eu é que sou as rochas!
Sem mim nada se ri.

The Hard Core of Beauty

The most marvellous is not
                        the beauty, deep as that is,
but the classic attempt
                        at beauty,
at the swamp's center: the
                        dead-end highway, abandoned
when the new bridge went in finally.
                        There, either side an entry
from which, burned by the sun,
                        the paint is peeling —
two potted geraniums.
                        Step inside: on a wall, a
painted plaque showing
                        ripe pomegranates,
— and, leaving, note
                        down the road — on a thumbnail,
you could sketch it on a thumbnail —
                        stone steps climbing
full up the front to
                        a second floor
minuscule
                        portico
peaked like the palate
                        of a child! God give us again
such assurance.
                        There are
                        rose bushes either side

O duro cerne da beleza

O mais esplêndido não é
                a beleza, por profunda que seja,
mas a clássica tentativa
                de beleza,
em meio ao charco: a
                estrada interrompida, abandonada
quando a nova ponte finalmente entrou em uso.
                Ali, de ambos os lados de uma entrada
cuja tinta, crestada pelo sol,
                começa a descascar —
dois vasos de gerânios.
                Pois entre: em uma das paredes,
pintadas numa placa ornamental,
                romãs maduras.
— e, ao sair, repare lá
                embaixo na estrada — numa unha,
numa unha de polegar se poderia esboçá-lo —
                degraus de pedra subindo
pela fachada toda até, no
                primeiro andar, um
minúsculo
                pórtico
em bico como o palato
                de uma criança! Deus nos dê de novo
igual intrepidez.
                Há tufos
                de roseiras dos dois lados

this entrance and plum trees
                              (one dead) surrounded
at the base by worn-out auto-tire
                              casings! for what purpose
but the glory of the Godhead
                              that poked
her twin shoulders, supporting
                              the draggled blondness
of her tresses, from beneath
                              the patient waves.
And we? the whole great world abandoned
                              for nothing at all, intact,
the lost world of symmetry
                              and grace: bags of charcoal
piled deftly under
                              the shed at the rear, the
ditch at the very rear a passageway
                              through the mud,
triumphant! to pleasure,
                              pleasure; pleasure by boat,
a by-way of a Sunday
                              to the smooth river.

dessa entrada e ameixeiras
                (uma seca) circundadas
na base por carcaças
                de pneus velhos! sem outro propósito
senão a glória da Divindade
                a qual fez aparecerem
ambos os seus ombros, sustentando
                o enlameado lourejar
de suas tranças, acima
                das ondas pacientes.
E nós? o vasto mundo inteiro abandonado
                sem nenhuma razão, intacto,
o mundo perdido da simetria
                e da graça: sacos de carvão
jeitosamente empilhados sob
                o telheiro dos fundos, o
fosso bem atrás um passadiço
                por entre a lama,
triunfante! ao prazer,
                prazer; prazer de barco,
retirada vereda de um domingo
                até o livre rio.

From Two Pendants: For the Ears

ELENA

*You lean the head forward
and wave the hand,
with a smile,
twinkling the fingers
    I say to myself
    Now it is spring
    Elena is dying*

*What snows, what snow
enchained her —
she of the tropics
is melted
    now she is dying*

*The mango, the guava
long forgot for
apple and cherry
wave good-bye*

    *now it is spring
    Elena is dying
        Good-bye*

*You think she's going to die?
said the old boy.*

De Dois pingentes: para as orelhas

ELENA

Você inclina a cabeça
e abana a mão
com um sorriso,
os dedos coruscando
  Digo comigo
  Primavera agora
  e Elena morrendo

Que neves, que neve
a prendeu —
ela dos trópicos
derreteu-se
  agora está morrendo

A goiaba, a manga
há tanto esquecidas por
maçã e cereja
estão dando adeus

  Primavera agora
  e Elena morrendo
   Adeus

Pensa que ela vai morrer?
disse o velhote.

She's not going to die — not now.
In two days she'll be
all right again. When she dies
she'll

    If only she wouldn't
exhaust herself, broke in
the sturdy woman, his wife. She
fights so. You can't quieten her.

When she dies she'll go out
like a light. She's done it now
two or three times when
the wife's had her up, absolutely
out. But so far she's always
come out of it.
    Why just an hour ago
she sat up straight on that bed, as
straight as ever I saw her
in the last ten years, straight
as a ram-rod. You wouldn't believe
that would you? She's not
going to die   she'll be
raising Cain, looking for her grub
as per usual in the next two
or three days, you wait and see

Listen, I said, I met a man
last night told me what he'd brought
home from the market:

Pois não vai — não agora.
Dentro de dois dias
estará boa de novo. Quando morrer
vai-se

    Se ela ao menos
não se cansasse dessa maneira, atalhou
a mulher robusta, esposa dele. Se
debate tanto. Ninguém consegue acalmá-la.

Quando morrer, vai-se apagar
como uma lâmpada. Aconteceu ainda há pouco
duas ou três vezes quando a mulher
a ergueu; ela apagou
completamente. Mas até agora tem sempre
se safado bem.
    Pois se nem há uma hora atrás
se sentou tesa nessa cama, mais tesa
do que jamais a vi nos
últimos dez anos, tesa
como um poste. É mesmo incrível,
não acha? Ela não vai
morrer   vai é
fazer um pampeiro, reclamando a
boia como de costume nos próximos
dois ou três dias, espere só

Ouça, disse eu, encontrei um sujeito
ontem à noite me disse o que tinha
trazido para casa do mercado:

2 partridges
2 Mallard ducks
a Dungeness crab
24 hours out
of the Pacific
and 2 live-frozen
trout
from Denmark

What about that?
Elena is dying (I wonder)
willows and pear trees
whose encrusted branches
blossom all a mass
attend her on her way —

a guerdon
         (a garden)
            and cries of children
indeterminate
Holy, holy, holy

            (no ritual
but fact   in fact)

        until
the end of time (which is now)

How can you weep for her? I
cannot, I her son — though
I could weep for her without
compromising the covenant

2 perdizes
2 patos bravos
um caranguejo de Dungeness
pescado 24 horas antes
no Pacífico
e 2 trutas
da Dinamarca
congeladas vivas

O que acha disso?
Elena está morrendo (espanto-me)
chorões e pereiras
cujos ramos incrustados
são uma massa de flores
a escoltam pelo caminho —

um galardão
        (a gala do jardim)
          e gritos de crianças
    indeterminados
Santo, santo, santo

        (não um ritual
mas fato   de fato)

    até
o fim dos tempos (que é agora)

Como posso chorar por ela? Não
posso, eu seu filho — embora
pudesse chorar por ela sem
comprometer o pacto

> She will go alone.

— *or pat to the times: go wept
by a clay statuette
            (if there be miracles)
a broken head of a small
St. Anne who wept at a kiss
from a child:*
            She was so lonely

And Magazine #1 sues Magazine
#2, no less guilty — for libel
or infringement or dereliction
or confinement

Elena is dying (*but perhaps
not yet*)

Pis-en-lit *attend her* (*I see
the children have been here*)

Said Jowles, from under the
Ionian sea: What do you think
about that miracle, Doc? — that
little girl kissing
the head of that statue and making
it cry?

            I hadn't
seen it.
            It's in the papers,

    Ela se irá sozinha.

— ou de acordo com os tempos: ir chorado
até uma estatueta de barro
    (se milagres houver)
uma cabeça quebrada de uma pequena
Santana que chorou com o beijo
de uma criança:
    Ela estava tão solitária

E a Revista nº 1 processa a Revista
nº 2, não menos culpada — por difamação
ou violação ou negligência
ou restrição

Elena está morrendo (mas talvez
ainda não)

Pis-en-lit toma conta dela (vejo
que as crianças estiveram aqui)

Disse Jowles, de sob o
mar Jônico: O que acha
desse milagre, Doutor? — daquela
menina beijando
a cabeça daquela estátua e a fazendo
chorar?

                Eu não
tinha visto.
        Está nos jornais,

tears came out of the eyes.
I hope it doesn't turn
out to be something funny.

Let's see now: St. Anne
is the grandmother of Jesus. So
that makes St. Anne the mother
of the Virgin Mary

    M's a great letter, I confided.

What's that? So now it gets
to be Easter — you never know.

    Never. No, never.

The river, throwing off sparks
in a cold world
    Is this a private foight
        or kin I get into it?

This is a private fight.

    Elena is dying.
In her delirium she said
a terrible thing:

Who are you? NOW!
I, I, I, I stammered. I
am your son.

lágrimas saíram dos olhos dela.
Espero que não se venha a saber
que era alguma brincadeira.

Vejamos agora: Santana
é avó de Jesus. O que
faz dela a mãe
da Virgem Maria

      M é uma ótima letra, confidenciei.

O que é isso? Com que agora
já é Páscoa — nunca se sabe.

      Nunca. Nunca não.

O rio, despedindo faíscas
num mundo gelado
    Será uma briga particular
      ou posso entrar nela?

É uma briga particular.

      Elena está morrendo.
No seu delírio ela disse
uma coisa terrível:

Quem é você? JÁ!
Eu, eu, eu, gaguejei. Eu
sou o seu filho.

Don't go. I am unhappy.

About what? I said

About what is what.

*The woman (who was watching)
added:
She thinks I'm her father.*

*Swallow it now: she wants
to do it herself.*

   Let her spit.

*At last! she said two days later
coming to herself and seeing me:*

      *— but I've been here
every day, Mother.*

          *Well why don't
they put you where I can see you
then?*

   *She was crying this morning,
said the woman, I'm glad you came.*

      *Let me clean your
glasses.*

Não vá embora. Estou infeliz.

Com o quê? perguntei

Com as coisas.

A mulher (que estava olhando)
acrescentou:
Ela pensa que eu sou o pai dela.

Engula esta: ela quer
fazer sozinha.

    Deixe-a cuspir.

Finalmente! disse ela dois dias mais tarde
voltando a si e me vendo:

        — mas eu tenho estado aqui
todos os dias, Mamãe.

        Ora por que então
não colocam você onde eu possa
vê-lo?

    Ela estava chorando hoje de manhã,
disse a mulher, estou contente de que tenha vindo.

        Deixe-me limpar os seus
óculos.

*They put them on my nose!
They're trying to make a monkey
out of me.*

*Were you thinking
of La Fontaine?*

*Can't you give me
something to make me disappear
completely, said she sobbing — but
completely!*

*No I can't do that
Sweetheart* (*You God damned belittling
fool, said I to myself*)

*There's a little Spanish wine,
pajarete
          p-a-j-a-r-e-t-e
But pure Spanish! I don't suppose
they have it any more.*

(*The woman started to move her*)

But I have to see my child

*Let me straighten you
I don't want the hand* (*my hand*)
there (*on her forehead*)
*— digging the nail of
her left thumb hard into my flesh,*

      Eles os põem em cima do meu nariz!
Estão tentando fazer de mim
uma macaca.

      Estava pensando
em La Fontaine?

      Você não pode me dar
alguma coisa para me fazer desaparecer
completamente, disse ela soluçando — mas
completamente mesmo!

      Não, não posso fazer isso
Querida (Seu desprezível paspalho
dos diabos, eu disse comigo)

Há um vinhozinho espanhol,
pajarete
      p-a-j-a-r-e-t-e
Puro espanhol! Mas não acho
que ainda tenham dele.

(A mulher começou a mudá-la de posição)

Mas eu tenho de ir ver a minha criança

Deixe-me ajeitá-la
Eu não quero a mão (a minha mão)
ali (na testa dela)
— enfiando com força a unha do
seu polegar esquerdo na minha carne,

*the back of my own thumb
holding her hand . . .*

*"If I had a dog ate meat
on Good Friday I'd kill him."
said someone off to the left*

*Then after three days:
I'm glad to see you up and doing,
said she to me brightly.*

*I told you she wasn't going to
die, that was just a remission,
I think you call it, said
the 3 day beard in a soiled
undershirt*

*I'm afraid I'm not much use
to you, Mother, said I feebly.
I brought you a bottle of wine*

— a little late for Easter

*Did you? What kind of wine?
A light wine?*

Sherry.

What?

*Jeres. You know, jerez. Here
      (giving it to her)*

enquanto o dorso do meu próprio polegar
lhe detinha a mão . . .

"Se eu tivesse um cachorro que comesse carne
na Sexta-Feira da Paixão eu o matava."
disse alguém mais à esquerda

E então depois de três dias:
Estou contente por vê-lo assim ativo,
me disse ela animadamente.

Eu lhe disse que ela não ia
morrer, aquilo foi só uma remissão,
acho que se chama assim, disse
a barba de 3 dias numa camiseta
encardida

Receio que eu não possa ser de grande utilidade
para você, Mamãe, eu disse baixinho.
Eu lhe trouxe uma garrafa de vinho

— um pouco atrasado para a Páscoa

Você trouxe? Que tipo de vinho?
Suave?

Sherry.

O quê?

Jeres. Você sabe, *jerez*. Tome
        (entregando-o a ela)

*So big! That will be my baby
now!*
  (*cuddling it in her arms*)
Ave Maria Purissime! *It is heavy!
I wonder if I could take
a little glass of it now?*

    *Has
she eaten anything yet?*

    *Has
she eaten anything yet!*

*Six oysters — she said
she wanted some fish and that's
all we had A round
of bread and butter and a
banana*

    My God!

*— two cups of tea and some
ice-cream.*

  Now she wants the wine.

Will it hurt her?

    *No, I think
nothing will hurt her.*

Que grande! Isto vai ser agora
o meu nenê!
           (ninando-o nos braços)
Ave Maria Purissime! É pesado!
Será que posso tomar
um copinho dele agora?

                    Ela
já comeu alguma coisa?

                    Se
ela já comeu alguma coisa!

Seis ostras — disse ela
queria peixe e era tudo
o que tínhamos. Uma fatia
de pão com manteiga e uma
banana

                  Deus meu!

— duas xícaras de chá e um pouco
de sorvete.

      Agora ela quer o vinho.

Será que vai lhe fazer mal?

          Não, acho que
nada lhe fará mal.

*She's
one of the wonders of the world
I think, said his wife.*
                    *(To make the language
record it, facet to facet
not bored out —*
                    with an auger.

— to give also the unshaven,
              *the rumblings of a
catastrophic past, a delicate
defeat — vivid simulations of
the mystery   .   )*

*We had leeks for supper, I said
What?*

    *Leeks! Hulda
gave them to me, they were going
to seed, the rabbits had
eaten everything else. I never
tasted better — from Pop's old
garden*

    Pop's old what?

I'll have to clean out her ears

*So my year is ended. Tomorrow
it will be April, the glory gone
the hard-edged light elapsed. Were*

                    Ela é
uma das 7 maravilhas do mundo
eu acho, disse a mulher dele.
                    (Fazer com que a linguagem
o registre, faceta por faceta
não trespassadas —
                    por uma pua.

— dar também o não barbeado,
                    os ribombos de um
passado catastrófico, uma delicada
derrota — vívidas simulações do
mistério   .   )

Tivemos alhos-porros no jantar, eu disse
O quê?

            Alhos-porros! Hulda
foi quem me deu, iam
produzir semente, os coelhos tinham
comido todo o resto. Nunca
provei coisa melhor — do velho jardim
de Papai

            Velho o que de Papai?

Terei de desobstruir os ouvidos dela

E assim terminou o meu ano. Amanhã
será abril, a glória finda
e finda a luz cortante. Se não fosse

it not for the March within me,
the intensity of the cold sun, I
could not endure the drag
of the hours opposed, to that weight,
the profusion to come later, that
comes too late. I have already
swum among the bars, the angular
contours, I have already lived
the year through

    Elena is dying

The canary, I said, comes and sits
on our table in the morning
at breakfast, I mean walks about
on the table with us there
and pecks at the table-cloth

      He must
be a smart little bird

      Good-bye!

março aqui dentro de mim,
a intensidade do sol frio, não
poderia eu suportar a lentidão
das horas contrapostas àquele peso,
a profusão por vir mais tarde, tarde
demais. Eu já
deslizei por entre as grades, os contornos
angulares, já vivi
o transcurso do ano

                Elena está morrendo

O canário, eu disse, vem e pousa
em cima da nossa mesa de manhã
no desjejum, quero dizer ele anda
pela mesa toda e nós ali
e dá bicadas na toalha

                        Deve ser
um passarinho muito esperto

                            Adeus!

De A MÚSICA DO DESERTO E OUTROS POEMAS
THE DESERT MUSIC AND OTHER POEMS,
1954

A Bill e Paul

To Daphne and Virginia

The smell of the heat is boxwood
          when rousing us
                    a movement of the air
stirs our thoughts
          that had no life in them
                    to a life, a life in which
two women agonize:
          to live and to breathe is no less.
                    Two young women.
The box odor
          is the odor of that of which
                    partaking separately,
each to herself
          I partake also
                    separately.

Be patient that I addres you in a poem,
          there is no other
                    fit medium.
The mind
          lives there. It is incertain,
                    can trick us and leave us
agonized. But for resources
          what can equal it?
                    There is nothing. We
should be lost
          without its wings to
                    fly off upon.

A Daphne e Virginia

O calor tem cheiro de buxo
        quando nos desperta
                um movimento do ar
aviva os nossos pensamentos
        tão sem vida
                para uma vida, uma vida em que
duas mulheres agonizam:
        viver e respirar não é de somenos.
                Duas mulheres jovens.
O odor de buxo
        é o odor daquilo que
                partilhando em separado,
cada uma delas consigo
        eu também partilho
                em separado.

Paciência se lhes falo num poema,
        não existe nenhum outro
                meio apropriado.
A mente
        vive ali. É incerta,
                pode nos enganar e deixar-nos
agonizados. Mas em recursos
        o que a pode igualar?
                Nada. Nós
estaríamos perdidos
        sem as suas asas para
                erguer voo.

The mind is the cause of our distresses
         but of it we can build anew.
                 Oh something more than
it flies off to:
        a woman's world,
               of crossed sticks, stopping
thought. A new world
        is only a new mind.
               And the mind and the poem
are all apiece.
        Two young women
               to be snared,
odor of box,
        to bind and hold them
               for the mind's labors,

All women are fated similarly
        facing men
               and there is always
another, such as I,
        who loves them,
               loves all women, but
finds himself, touching them,
        like other men,
               often confused.

I have two sons,
        the husbands of these women,
               who live also
in a world of love,
        apart.

A mente é a causa de nossos sofrimentos
  mas com ela podemos construir de novo.
    Oh algo mais do que
o lugar para onde ela voa:
  um mundo de mulheres,
    de bastões cruzados, a vedar
o pensamento. Um novo mundo
  é apenas uma nova mente.
    E a mente e o poema
são uma só coisa.
  Duas mulheres jovens
    a serem engodadas,
cheiro de buxo
  a uni-las e sustentá-las
    para as labutas da mente.

Todas as mulheres têm destino semelhante
  em face dos homens
    e há sempre alguém
mais, como eu,
  que as ama,
    que ama todas as mulheres, mas
vê-se, ao tocá-las,
  como os outros homens,
    confuso muitas vezes.

Tenho dois filhos,
  os maridos destas mulheres,
    que também vivem
num mundo de amor,
  à parte.

>   *Shall this odor of box in*
>   *the heat*
> *not also touch them*
>   *fronting a world of women*
>   *from which they are*
> *debarred*
>   *by the very scents which draw them on*
>   *against easy access?*
> *In our family we stammer unless,*
>   *half mad,*
>   *we come to speech at last*

And I am not
            a young man.
                            My love encumbers me.
It is a love
            less than
                            a young man's love but,
like this box odor
            more penetrant, infinitely
                            more penetrant,
in that sense not to be resisted.

There is, in the hard
            give and take
                        of a man's life with
                        a woman
a thing which is not the stress itself
            but beyond
                        and above
that,

     Será que este cheiro de buxo
     no calor
não os toca também
   ao defrontarem um mundo de mulheres
     do qual estão
excluídos
    pelos mesmos aromas que as arregimenta
      contra o fácil acesso?
Em nossa família gaguejamos a menos que,
   meio doidos,
      cheguemos finalmente à fala

E eu não sou
   nenhum rapaz.
      Meu amor me embaraça.
É um amor
   menor do que
      o amor de um rapaz, porém
como este aroma de buxo
    mais penetrante, infinitamente
      mais penetrante,
no sentido de não se lhe resistir.

Existe, no árduo
   dar e tomar
      da vida de um homem com
     uma mulher
uma coisa que não é a pressão em si
    mas algo além
      e acima
  dela,

something that wants to rise
                and shake itself
free. We are not chickadees
        on a bare limb
                with a worm in the mouth.
The worm is in our brains
        and concerns them
                and not food for our
offspring, wants to disrupt
        our thought
                and throw it
to the newspapers
        or anywhere.
                There is, in short,
a counter stress,
        born of the sexual shock,
                which survives it
consonant with the moon,
        to keep its own mind.

                There is, of course,
more.
        Women
                are not alone
in that. At least
        while this healing odor is abroad
                one can write a poem.

Staying here in the country
        on an old farm
                we eat our breakfasts

                algo que se quer elevar
                        soltar-se, ficar
livre. Não somos canarinhos
                pousados num galho sem folhas
                        com um verme no bico.
O verme está em nossos cérebros
                e a eles diz respeito
                        e não sendo comida para a nossa
prole, quer dilacerar
                o nosso pensamento
                        e lançá-lo
aos jornais
                ou a qualquer outra parte.
                        Há, em suma,
uma contrapressão
                nascida do choque sexual,
                        que a ele sobrevive
em consonância com a lua
                a fim de manter seu próprio desígnio.

                        Evidentemente, há mais
coisas.
                As mulheres
                        não estão sozinhas
nisso. Pelo menos
                enquanto este aroma curativo esteja em toda parte
                        pode-se escrever um poema.

Alojados aqui no campo
                numa velha granja
                        fazemos o nosso desjejum

on a balcony under an elm.
             The shrubs below us
                         are neglected. And
there, penned in,
        or he would eat the garden,
                    lives a pet gnose who
tilts his head
        sidewise
                and looks up at us,
a very quiet old fellow
        who writes no poems.
                Fine mornings we sit there
while birds
        come and go.
                A pair of robins
is building a nest
        for the second time
                this season. Men
against their reason
        speak of love, sometimes,
                when they are old. It is
all they can do
        or watch a heavy goose
                who waddles, slopping
                noisily in the mud of
                his pool.

numa sacada sob um olmo.
            Os arbustos abaixo de nós
                        estão abandonados. E
ali, engaiolado,
            senão devastaria o jardim,
                        vive um ganso de estimação que
inclina a cabeça
            de lado
                        e fica a nos olhar lá em cima,
um camarada muito tranquilo
            que não escreve poemas.
                        Nas belas manhãs sentamo-nos ali
enquanto os passarinhos
            vão e vêm.
                        Um casal de tordos
está construindo um ninho
            pela segunda vez
                        nesta estação. Os homens
contra sua própria razão
            falam de amor, por vezes,
                        quando ficam velhos. É
tudo quanto podem fazer
            ou então contemplar um ganso gordo
                        que, bamboleante e ruidoso,
                        chapinha na lama da sua
                        poça.

The Host

According to their need,
        this tall Negro evangelist
                (at a table separate from the
                rest of his party);
these two young Irish nuns
        (to be described subsequently);
                and this white-haired Anglican
have come witlessly
        to partake of the host
                laid for them (and for me)
by the tired waitresses.

It is all
        (since eat we must)
                made sacred by our common need.
The evangelist's assistants
        are most open in their praise
                though covert
as would be seemly
        in such a public
                place. The nuns
are all black, a side view.
        The cleric,
                his head bowed to reveal
his unruly poll
        dines alone.

A hóstia

Conforme às suas necessidades,
           este comprido evangelista negro
                      (numa mesa separada dos
                       seus demais companheiros);
estas duas jovens freiras irlandesas
           (a serem descritas mais adiante);
                      e este anglicano de cabelo branco
vieram sem sabê-lo
           partilhar da hóstia
                      servida a eles (e a mim)
pelas garçonetes fatigadas.

Tudo é
           (já que comer nos cumpre)
                      consagrado pela nossa comum
                                 [necessidade.
Os coadjutores do evangelista
           são deveras abertos em seu louvor
                      se bem que discretos
como seria de esperar
           num local tão
                      público. As freiras
vistas de perfil, estão todas de preto.
           O clérigo,
                      de cabeça inclinada para pôr
à mostra sua coroa desregrada
           janta sozinho.

My eyes are restless.
>> *The evangelists eat well,*
>>>> *fried oysters and what not*
at this railway restaurant. The Sisters
>> *are soon satisfied. One*
>>>> *on leaving,*
looking straight before her under steadfast brows,
>> *reveals*
>>>> *blue eyes. I myself*
have brown eyes
>> *and a milder mouth.*

There is nothing to eat,
>> *seek it where you will,*
>>>> *but of the body of the Lord.*
The blessed plants
>> *and the sea, yield it*
>>>> *to the imagination*
intact. And by that force
>> *it becomes real,*
>>>> *bitterly*
to the poor animals
>> *who suffer and die*
>>>> *that we may live.*

The well-fed evangels,
>> *the narrow-lipped and bright-eyed nuns,*
>>>> *the tall,*
white-haired Anglican,
>> *proclaim it by their appetites*
>>>> *as do I also,*

Meus olhos estão inquietos.
        O evangelista come bem,
            ostras fritas e sei mais o quê
neste restaurante de estrada de ferro. As Irmãs
        logo ficam satisfeitas. Uma delas
           ao sair,
olhando para a frente por sob as sobrancelhas resolutas,
        exibe
           olhos azuis. Quanto a mim
tenho olhos castanhos
        e uma boca mais suave.

Não há o que comer,
        busque-se onde se queira,
           salvo do corpo do Senhor.
As abençoadas plantas
        e o mar, o fornecem
           à imaginação
intacto. E através dessa força
        ele se torna real,
           amargamente
para os pobres animais
        que padecem e morrem
           a fim de que possamos viver.

Os evangelistas bem nutridos,
        as freiras de lábios finos e olhos claros,
           o comprido
anglicano de cabelo branco,
        o proclamam pelos seus apetites
           assim como eu

chomping with my worn-out teeth:
        the Lord is my shepherd
                I shall not want.

No matter how well they are fed,
        how daintily
                they put the food to their lips,
it is all
        according to the imagination!
Only the imagination
        is real! They have imagined it,
                therefore it is so:
of the evangels,
        with the long legs characteristic of the race —
                only the docile women
of the party smiled at me
        when, with my eyes
                I accosted them.
The nuns — but after all
        I saw only a face, a young face
                cut off at the brows.
It was a simple story.
        The cleric, plainly
                from a good school,
interested me more,
        a man with whom I might
                carry on a conversation.

No one was there
        save only for
                the food. Which I alone,

mascando com os meus dentes gastos:
        o Senhor é o meu pastor
                nada me faltará.

Não importa quão bem sejam alimentados
        quão elegantemente
                levem o alimento à boca,
tudo está
        conforme à imaginação!
Somente a imaginação
        é que é real! Imaginaram-no,
                portanto assim é:
dos evangelistas
        com as pernas compridas características da raça —
                somente as dóceis mulheres
do grupo sorriram para mim
        quando, com os olhos,
                eu as abordei.
As freiras — mas no final das contas
        vi só um rosto, um rosto jovem
                cortado à altura das sobrancelhas.
Era uma história simples.
        O clérigo, evidentemente
                saído de uma boa escola,
me interessava mais,
        um homem com quem eu poderia
                levar avante uma conversação.

Estavam todos ali
        apenas por causa do
                alimento. Que eu somente,

being a poet,
could have given them.
But I
had only my eyes
with which to speak.

por ser poeta,
    lhes poderia ter dado.
            Mas eu
para falar
    só tinha os olhos.

De jornada ao amor
journey to love, 1955

À minha mulher

The Ivy Crown

The whole process is a lie,
         unless,
                  crowned by excess,
it break forcefully,
         one way or another,
                  from its confinement —
or find a deeper well.
         Antony and Cleopatra
                  were right;
they have shown
         the way. I love you
                  or I do not live
at all.

Daffodil time
         is past. This is
                  summer, summer!
the heart says,
         and not even the full of it.
                  No doubts
are permitted —
         though they will come
                  and may
before our time
         overwhelm us.
                  We are only mortal
but being mortal

A coroa de hera

O processo todo é uma mentira,
        a menos que,
                coroado pelo excesso,
ele irrompa vigorosamente,
        desta ou daquela maneira,
                do seu confinamento —
ou encontre um poço mais profundo.
        Antônio e Cleópatra
                estavam certos;
eles mostraram
        o caminho. Eu te amo
                ou então não viverei
de modo algum.

O tempo dos narcisos
        passou. Agora é
                verão, verão!
o coração diz,
        e ainda não chegou sequer ao auge.
                Dúvidas
não são permitidas —
        embora venham a surgir
                e possam
antes de nossa hora
        engolfar-nos.
                Somos mortais apenas
mas com ser mortais

    can defy our fate.
      We may
by an outside chance
   even win! We do not.
     look to see
jonquils and violets
   come again
     but there are,
still,
   the roses!

Romance has no part in it.
   The business of love is
     cruelty which,
by our wills,
   we transform
     to live together.
It has its seasons,
   for and against,
     whatever the heart
fumbles in the dark
   to assert
     toward the end of May.
Just as the nature of briars
   is to tear flesh,
     I have proceeded
through them.
   Keep
     the briars out,
they say.
   You cannot live

    podemos desafiar nosso destino.
       Podemos
por um extremo acaso
    até vencer! Nós não
      olhamos para ver
junquilhos e violetas
    florirem novamente
       mas aí estão,
ainda,
    as rosas!

Romance não tem nada a ver com isso.
    O busílis do amor é
      a crueldade *que*,
por nossas vontades,
    transformamos a fim
      de podermos viver juntos.
Ele tem suas estações,
    a favor ou contra,
      tudo quanto o coração
vá tenteando no escuro
    afirmar
      lá pelos fins de maio.
Como é da natureza das roseiras bravas
    rasgar a carne,
      tenho avançado
pelo meio delas.
    Fique longe
      das sarças,
dizem-nos.
    Não se pode viver

                        and keep free of
briars.

Children pick flowers.
            Let them.
                        Though having them
in hand
            they have no further use for them
                        but leave them crumpled
at the curb's edge.

At our age the imagination
            across the sorry facts
                        lifts us
to make roses
            stand before thorns.
                        Sure
love is cruel
            and selfish
                        and totally obtuse —
at least, blinded by the light,
            young love is.
                        But we are older,
I to love
            and you to be loved,
                        we have,
no matter how,
            by our wills survived
                        to keep
the jeweled prize
            always

                        e ficar longe das
sarças.

A criançada colhe flores.
            Deixem-na colher.
                        Embora as tendo
na mão
            não sabe o que fazer com elas
                        e as larga amassadas
à beira do caminho.

Em nossa idade a imaginação
            acima dos tristes fatos
                        nos incita
a fazer as rosas
            se anteporem aos espinhos.
                        Certo
o amor é cruel
            e egoísta
                        e totalmente obtuso —
ao menos, enceguecido pela luz,
            o amor dos jovens é.
                        Mas nós somos mais velhos,
eu para amar
            e você para ser amada,
                        conseguimos,
não importa como,
            por nossa força de vontade sobreviver
                        para conservar
o prêmio precioso
            sempre ao alcance

     at our finger tips.
We will it so
   and so it is
     past all accident.

      dos nossos dedos.
Assim o queremos
   e aí ele está
      a salvo de qualquer acidente.

The Sparrow

(To My Father)

This sparrow
>who comes to sit at my window
>>is a poetic truth
more than a natural one.
>His voice,
>>his movements,
his habits —
>how he loves to
>>flutter his wings
in the dust —
>all attest it;
>>granted, he does it
to rid himself of lice
>but the relief he feels
>>makes him
cry out lustily —
>which is a trait
>>more related to music
than otherwise.
>Wherever he finds himself
>>in early spring,
on back streets
>or beside palaces,
>>he carries on
unaffectedly
>his amours.
>>It begins in the egg,

O pardal

                    (A meu pai)

Este pardal
            que vem pousar em minha janela
                        é uma verdade mais poética
do que natural.
            Sua voz,
                        seus movimentos,
seus hábitos —
            como gosta de
                        sacudir as asas
na poeira —
            tudo o atesta;
                        admito que o faça
para livrar-se de piolhos
            mas o alívio que experimenta
                        leva-o
a gritar saudavelmente —
            um traço que tem
                        mais a ver com música
do que com outra coisa.
            Onde quer que se encontre
                        no início da primavera,
em becos obscuros
            ou diante de palácios,
                        ele logo se entrega
sem afetação
            aos seus amores.
                        Tudo começa no ovo,

his sex genders it:
                What is more pretentiously
                              useless
or about which
                we more pride ourselves?
                              It leads as often as not
to our undoing,
                The cockerel, the crow
                              with their challenging voices
cannot surpass
                the insistence
                              of his cheep!
Once
                at El Paso
                              toward evening,
I saw — and heard! —
                ten thousand sparrows
                              who had come in from
the desert
                to roost. They filled the trees
                              of a small park. Men fled
(with ears ringing!)
                from their droppings,
                              leaving the premises
to the alligators
                who inhabit
                              the fountain. His image
is familiar
                as that of the aristocratic
                              unicorn, a pity

seu sexo o engendra:
             Que haverá de mais pretensiosamente
                           inútil
ou de que
             tanto nos vangloriemos?
                           Ele acarreta as mais das vezes
nossa perda.
             O galo novo, o corvo com
                           as suas vozes desafiadoras
não conseguem ultrapassar
             a insistência
                           do seu pipilo!
Certa ocasião
             em El Paso
                           ao cair da tarde,
eu vi — e ouvi! —
             dez mil pardais
                           que tinham vindo do
deserto
             empoleirar-se ali. Lotaram as árvores
                           de um pequeno parque. As pessoas
                                         [fugiram
(ouvidos a tinir!)
             dos seus dejetos,
                           deixando o local
entregue aos crocodilos
             que viviam
                           na fonte. A imagem dele
é tão familiar
             quanto a do unicórnio
                           aristocrático, e é pena

there are not more oats eaten
            nowadays
                        to make living easier
for him.
            At that,
                        his small size,
keen eyes,
            serviceable beak
                        and general truculence
assure his survival —
            to say nothing
                        of his innumerable
brood.
            Even the Japanese
                        know him
and have painted him
            sympathetically,
                        with profound insight
into his minor
            characteristics.
                        Nothing even remotely
subtle
            about his lovemaking.
                        He crouches
before the female,
            drags his wings,
                        waltzing,
throws back his head
            and simply —
                        yells! The din
is terrific.

que não mais se coma aveia
            hoje em dia
                        o que tornaria a vida
mais fácil para ele.
            Nisso,
                        seu pequeno porte,
seus olhos penetrantes,
            seu bico prestimoso
                        e sua agressividade
garantem-lhe a sobrevivência —
            para nada dizer
                        de suas inumeráveis
ninhadas.
            Até os japoneses
                        o conhecem
e o têm pintado
            empaticamente,
                        com profunda compreensão
de suas características
            menores.
                        Nada de sutil
sequer remotamente
            na sua corte amorosa.
                        Ele se agacha
diante da fêmea,
            arrasta a asa,
                        valsando, e alça
a cabeça
            e simplesmente —
                        berra! O alarido
é terrível.

                    The way he swipes his bill
                                across a plank
to clean it,
            is decisive.
                        So with everything
he does. His coppery
            eyebrows
                        give him the air
of being always
            a winner — and yet
                        I saw once,
the female of his species
            clinging determinedly
                        to the edge of
a water pipe,
            catch him
                        by his crown-feathers
to hold him
            silent,
                        subdued,
hanging above the city streets
            until
                        she was through with him.

What was the use
            of that?
                        She *hung there*
herself,
            puzzled at her success.
                        I laughed heartily.
Practical to the end,

                    O modo como esfrega o bico
                              numa prancha
para limpá-lo,
          é resoluto.
                         Assim também tudo o mais
que faça. Seus supercílios
          acobreados
                         dão-lhe um ar
de ser sempre
          um vencedor — no entanto
                         eu vi certa vez
uma fêmea da espécie,
          aferrando-se, decidida,
                         à beira de
um cano d'água,
          agarrá-lo
                         pelas penas do cocoruto
e mantê-lo
          calado,
                         subjugado,
suspenso sobre as ruas da cidade
          até
                         ficai quites com ele.

Qual a utilidade
          disso?
                         Ela ficou dependurada ali,
ela própria
          admirada do seu feito.
                         Eu me ri com gosto.
Prático até o seu desfecho

    it is the poem
       of his existence
that triumphed
   finally;
      a wisp of feathers
flattened to the pavement,
   wings spread symmetrically
      as if in flight,
the head gone,
   the black escutcheon of the breast
      undecipherable,
an effigy of a sparrow,
   a dried wafer only,
     left to say
and it says it
   without offense,
      beautifully;
This was I,
   a sparrow.
      I did my best;
farewell.

     é o poema
        da existência dele
que triunfou
    finalmente;
        um punhado de penas
aplastado no calçamento,
    asas simetricamente abertas
        como que em voo,
sem cabeça,
    o negro escudo do peito
        indecifrável,
uma efígie de pardal
    uma pasta seca apenas,
        deixada ali para dizer
e o diz
    sem ofensa,
        lindamente;
Isto era eu,
    um pardal.
        Fiz o melhor que pude;
adeus.

Tribute to the Painters

Satyrs dance!
               all the deformities take wing
                           centaurs
leading to the rout of the vocables
        in the writings
of Gertrude
        Stein — but
                 you cannot be
an artist
        by mere ineptitude
The dream
        is in pursuit!

The neat figures of
        Paul Klee
                fill the canvas
but that
        is not the work
                of a child
The cure began, perhaps,
        with the abstractions
                of Arabic art
Dürer
        with his Melancholy
                was ware of it —
the shattered masonry. Leonardo
        saw it,

Tributo aos pintores

Sátiros dançam!
        todas as deformidades erguem voo
            centauros
remontando à raiz dos vocábulos
        nos escritos
de Gertrude
        Stein — mas
                não se pode ser
artista
        por mera inépcia
O sonho
        está no perseguir!

As nítidas figuras de
        Paul Klee
            enchem a tela
mas isso
        não é obra
            de criança
A cura começou, talvez,
        com as abstrações
            da arte arábica
Dürer
        com sua *Melancolia*
            estava ciente disso —
a destroçada alvenaria. Leonardo
        viu-a,

                    the obsession,
and ridiculed it
          in *La Gioconda.*
                  Bosch's
congeries of tortured souls and devils
          who prey on them
                  fish

swallowing
          their own entrails
Freud
          Picasso
                  Juan Gris.
The letter from a friend
          saying:
                  For the last
three nights
          I have slept like a baby
                  without
liquor or dope of any sort!
          We know
                  that a stasis
from a chrysalis
          has stretched its wings —
                  like a bull
or the Minotaur
          or Beethoven
                  in the scherzo
of his 9th Symphony
          stomped
                  his heavy feet

                              a obsessão,
e a ridicularizou
               em *La Gioconda*.
                       Bosch
com suas turbas de almas torturadas e os diabos
               que as atacam
                       pescam

engolindo
               suas próprias entranhas
Freud
               Picasso
                       Juan Gris.
A carta de um amigo
               dizendo:
                       Nas três
últimas noites
               tenho dormido feito uma criança
                       sem
álcool nem droga de qualquer espécie!
               Sabemos
                       que uma estase
de crisálida
               estirou suas asas —
                       como um touro
ou o Minotauro
               ou Beethoven
                       no scherzo
de sua 9ª sinfonia
               batendo
                       os pés pesados

I saw love
        mounted naked on a horse
                on a swan
the back of a fish
        the bloodthirsty conger eel
                and laughed
recalling the Jew
        in the pit
                among his fellows
when, the indifferent chap
        with the machine gun
                was spraying the heap.
He
        had not yet been hit
                but smiled
comforting his companions.

Dreams posses me
        and the dance
                of my thoughts
involving animals
        the blameless beasts
and there came to me
        just now
                the knowledge of
the tyranny of the image
        and how
                men
in their designs
        have learned
                to shatter it

Vi amor
        nu sobre um cavalo
                sobre um cisne
sobre o dorso de um peixe
        a sanguinária enguia congro
                e ri-me
recordando o judeu
        dentro do poço
                entre os seus companheiros
enquanto indiferente o camarada
        da metralhadora
                ia pulverizando a pilha.
Ele
        ainda não tinha sido atingido
                mas sorria
confortando os companheiros.

Sonhos me possuem
        e a dança
                dos meus pensamentos
envolvendo animais
        os inocentes bichos
e então me veio
        bem agora
                a consciência da
tirania da imagem
        e de como
                os homens
em seus desenhos
        aprenderam
                a destruí-la

whatever it may be,
        that the trouble
                in their minds
shall be quieted,
        put to bed
                again.

qualquer que pudesse ser,
        a fim de que a perturbação
                de suas mentes
se aquietasse,
        fosse posta na cama
                novamente.

The Pink Locust

I'm persistent as the pink locust,
        once admitted
                to the garden,
you will not easily get rid of it.
        Tear il from the ground,
                if one hair-thin rootlet
remain
        it will come again.
               It is
flattering to think of myself
        so. It is also
               laughable.
A modest flower,
        resembling a pink sweet-pea,
                you cannot help
but admire it
        until its habits
                become known.
Are we not most of us
        like that? It would be
                too much
if the public
        pried among the minutiae
                of our private affairs.
Not
        that we have anything to hide
                but could they

A acácia-meleira rosa

Sou tão persistente quanto a acácia rosa
    que uma vez admitida
        ao jardim,
você não se livra facilmente dela.
    Arranque-a do chão;
        se um só filamento de raiz
ficar,
    ela brotará de novo.
        É lisonjeiro
eu pensar que sou
    assim. E é também
        risível.
Uma flor modesta,
    parecida com ervilha-de-cheiro rosa,
        não se pode deixar
de admirá-la
    até os seus hábitos
        se tornarem conhecidos.
Não somos quase todos nós
    do mesmo jeito? Seria
        demasiado
se o público
    bisbilhotasse todas as minúcias
        de nossos assuntos particulares.
Não
    que tenhamos algo a esconder,
        mas será que *eles*

stand it? Of course
           the world would be gratified
                      to find out
what fools we have made of ourselves.
           The question is,
                  would they
be generous with us —
           as me have been
                      with others? It is,
as I say,
           a flower
                      incredibly resilient
under attack!
           Neglect it
                      and it will grow into a tree.
I wish I could so think of myself
           and of what
                      is to become of me.
The poet himself,
           what does he think of himself
                      facing his world?
It will not do to say,
           as he is inclined to say:
                      Not much. The poem
would be in that betrayed.
           He might as well answer —
                      "a rose is a rose
is a rose" and let it go at that.
           A rose is a rose
                      and the poem equals it
if it be well made.

poderiam aguentá-lo? Claro
        que o mundo ficaria contente
                em descobrir
o papel de bobos que fizemos.
        A questão é:
                seriam eles
generosos conosco —
        como fomos
                com outros? É,
como eu disse,
        uma flor
                incrivelmente resistente
quando sob ataque!
        Um só descuido
                e ela cresce numa árvore.
Bem que eu gostaria de pensar *o mesmo*
        de mim e do que
                vai ser de mim.
O próprio poeta,
        o que é que ele pensa de si
                em face do seu mundo?
Não adianta dizer,
        como ele está predisposto a dizer:
                Não grande coisa. O poema
seria traído *nisso*.
        Ele bem que poderia responder —
                "uma rosa é uma rosa
é uma rosa" e estamos conversados
        Uma rosa *é* uma rosa
                e o poema a iguala
quando bem-feito.

>   *The poet*
>
> >   *cannot slight himself*
>
> *without slighting*
> >   *his poem —*
> >   *which would be*
>
> *ridiculous.*
> >   *Life offers*
> >   *no greater reward.*
>
> *And so,*
> >   *like this flower,*
> >   *I persist —*
>
> *for what there may be in it.*
> >   *I am not,*
> >   *I know,*
>
> *in the galaxy of poets*
> >   *a rose*
> >   *but* who, among the rest,
>
> *will deny me*
> >   *my place.*

        O poeta
                não pode se menosprezar
sem menosprezar
        o seu poema —
                o que seria
ridículo.
        A vida não oferece
                recompensa maior.
E assim,
        como esta flor,
                eu persevero —
pela importância que isso possa ter.
        Não sou,
                e bem o sei,
na galáxia dos poetas
        uma rosa,
                mas *quem*, entre os demais,
me negará
        o meu lugar.

De quadros de Brueghel
PICTURES FROM BRUEGHEL, 1962

[...] *a forma da parolagem de um homem pode estar concorde com as instruções recebidas no sonho por via do qual ele obteve o seu poder.*

Frances Densmore, *O estudo da música índia*

II. Landscape with the Fall of Icarus

*According to Brueghel
when Icarus fell
it was spring*

*a farmer was ploughing
his field
the whole pageantry*

*of the year was
awake tingling
near*

*the edge of the sea
concerned
with itself*

*sweating in the sun
that melted
the wings' wax*

*unsignificantly
off the coast
there was*

*a splash quite unnoticed
this was
Icarus drowning*

II. Paisagem com queda de Ícaro

De conformidade com Brueghel
quando Ícaro caiu
era primavera

um granjeiro estava lavrando
seu campo
a pompa inteira do

ano ali estava
desperta formigando
junto

à orla do mar
preocupada
consigo mesma

a suar sob o sol
que derreteu
a cera das asas

insignificantemente
longe da costa
houve

uma pancada n'água assaz
despercebida: era
Ícaro afogando-se

IX. The Parable of the Blind

*This horrible but superb painting
the parable of the blind
without a red*

*in the composition shows a group
of beggars leading
each other diagonally downward*

*across the canvas
from one side
to stumble finally into a bog*

*where the picture
and the composition ends back
of which no seeing man*

*is represented the unshaven
features of the des-
titute with their few*

*pitiful possessions a basin
to wash in a peasant
cottage is seen and a church spire*

*the faces are raised
as toward the light
there is no detail extraneous*

ix. A parábola dos cegos

Esta horrível mas soberba tela
a parábola dos cegos
sem vermelho algum

na composição mostra um bando
de mendigos um a
guiar o outro atravessando

diagonalmente o quadro
desde um lado
para tropeçar enfim num charco

onde a pintura
e a composição terminam atrás
do qual nenhum homem vidente

é representado os rostos
sem barbear dos in-
digentes com seus poucos

e miseráveis pertences vê-se
uma bacia de lavar numa casinha
campônia e a ponta de uma torre de igreja

as faces estão erguidas
como que para a luz
não há nenhum detalhe estranho

*to the composition one
follows the others stick in
hand triumphant to disaster*

à composição cada um
segue os outros bordão
na mão triunfante até o desastre

Song

beauty is a shell
from the sea
where she rules triumphant
till love has had its way with her

scallops and
lion's paws
sculptured to the
tune of retreating waves

undying accents
repeated till
the ear and the eye lie
down together in the same bed

Canção

a beleza é uma concha
vinda do mar
onde ela reina triunfante
até amor ter feito dela o que queria

vieiras e
patas de leão
esculpidas ao
som das ondas em refluxo

acentos imorredouros
repetidos até
o ouvido e o olho jazerem
no mesmo leito juntos

Jersey Lyric

*view of winter trees
before
one tree*

*in the foreground
where
by fresh-fallen*

*snow
lie 6 woodchunks ready
for the fire*

Lira de Jersey

Vista de árvores no inverno
diante
de uma árvore

em primeiro plano
onde
sobre a neve

recém-caída
jazem 6 troncos de lenha
prontos para o fogo

Sonnet in Search of an Author

Nude bodies like peeled logs
sometimes give off a sweetest
odor, man and woman

under the trees in full excess
matching the cushion of

aromatic pine-drift fallen
threaded with trailing woodbine
a sonnet might be made of it

Might be made of it! odor of excess
odor of pine needles, odor of
peeled logs, odor of no odor
other than trailing woodbine that

has no odor, odor of a nude woman
sometimes, odor of a man.

Soneto em busca de um autor

Corpos nus como troncos descascados
exalam por vezes um aroma dos mais
doces, homem e mulher

sob as árvores em pleno desregramento
condizente com a alfombra de

perfumosas folhas de pinheiro
bordada de madressilvas rasteiras
um soneto podia ser feito disso

Podia ser feito disso! aroma de desregramento
aroma de agulhas de pinheiro, aroma de
troncos descascados, aroma de aroma algum
salvo o de madressilvas rasteiras que

não têm aroma, aroma de mulher nua
por vezes, aroma de homem.

De *PATERSON*, 1946-58

Paterson
from Book One

PREFACE

"Rigor of beauty is the quest. But how will you find beauty when it is locked in the mind past all remonstrance?"

> To make a start,
> out of particulars
> and make them general, rolling
> up the sum, by defective means —
> Sniffing the trees,
> just another dog
> among a lot of dogs, What
> else is there? And to do?
> The rest have run out —
> after the rabbits.
> Only the lame stands — on
> three legs. Scratch front and back.
> Deceive and eat. Dig
> a musty bone

For the beginning is assuredly
the end — since we know nothing, pure
and simple, beyond
our own complexities.

Paterson
do Livro Primeiro

PREFÁCIO

"O rigor da beleza é o alvo da busca. Mas como se poderá encontrar a beleza se ela está encerrada na mente, para além de toda admoestação?"

    Compor um começo
    com particularidades
    e torná-las gerais, arrolando
    a soma, por meios imperfeitos —
    Farejando as árvores,
    um cão qualquer
    num bando de cães. O que
    mais ali? E que fazer?
    Os outros debandaram —
    atrás de coelhos.
    Só o estropiado permanece — sobre
    três pernas. Coça-te adiante e atrás.
    Engana e come. Desenterra
    um osso embolorado

Pois o princípio indubitavelmente é
o fim — já que de nada sabemos, puro
e simples, para além
de nossas próprias complexidades.

*Yet there is
no return: rolling up out of chaos,
a nine months' wonder, the city
the man, an identity — it can't be
otherwise — an
interpenetration, both ways. Rolling
up! obverse, reverse;
the drunk the sober; the illustrious
the gross; one. In ignorance
a certain knowledge and knowledge,
undispersed, its own undoing.

                (The multiple seed,
packed tight with detail, soured,
is lost in the flux and the mind,
distracted, floats off in the same
scum)

Rolling up, rolling up heavy with
numbers.

                It is the ignorant sun
rising in the slot of
hollow suns risen, so that never in this
world will a man live well in his body
save dying — and not know himself
dying; yet that is
the design. Renews himself
thereby, in addition and subtraction,
walking up and down.*

    E no entanto
não há nenhum retorno: rolando para fora do caos,
prodígio de nove meses, a cidade
o homem, uma identidade — e nunca poderia
ser de outra maneira — uma
interpenetração, em ambos os sentidos. Rolando
para fora! obverso, reverso;
o bêbado o sóbrio; o renomado
o grosseiro; um só. Na ignorância
um certo saber, saber
não disperso, seu próprio desbarato.

    (A múltipla semente,
apinhada de detalhes, azedada,
fica perdida no fluxo e a mente,
distraída, vai-se flutuando com a mesma
escuma)

A rolar, a rolar prenhe de
números.

    É o sol ignorante
erguendo-se no rastro de
erguidos sóis vazios, pelo que neste mundo
jamais um homem poderá viver a gosto no seu corpo
a não ser morrendo — e sem saber-se
morrendo; este no entanto é o
desígnio. Renova-se a si mesmo
de tal modo, em soma e subtração,
andando para cima e para baixo.

        and the craft,
subverted by thought, rolling up, let
him beware lest he turn to no more than
the writing of stale poems...
Minds like beds always made up,
            (more stony than a shore)
unwilling or unable.

            Rolling in, top up,
under, thrust and recoil, a great clatter:
lifted as air, boated, multicolored, a
wash of seas —
from mathematics to particulars —
            divided as the dew,
floating mists, to be rained down and
regathered into a river that flows
and encircles:
            shells and animalcules
generally and so to man,

            to Paterson.

                e o ofício,
subvertido pelo pensamento, a rolar para fora, cuide-se
ele de não se voltar tão só para a
escrita de poemas estagnados...
Mentes como camas sempre feitas,
                    (mais pedregosas que uma praia)
relutantes ou incompetentes.

                A rolar, o topo para cima,
sob, empuxo e retrocesso, um grande estardalhaço:
alçado feito ar, transportado, multicolorido, um
detrito dos mares —
da matemática a particularidades —
                    dividido como as orvalhadas
neblinas flutuantes, que as chuvas vão lavar e
recongregar num rio, um rio que corre
e que dá voltas:
                    conchas e animálculos
geralmente, e assim até ao homem,

                    até Paterson.

Índice dos poemas

O primeiro verso de cada poema está entre aspas (" "), o texto original está em *grifo* e os títulos dos livros estão em maiúscula.

"A caminho do hospital de isolamento...", 61
A Daphne e Virginia, 229
A Elsie, 81
A uma velha pobre, 127
Abertura de uma dança de locomotivas, 53
Acácia-meleira em flor, A, primeira versão, 121
Acácia-meleira em flor, A, segunda versão, 125
Acácia-meleira rosa, A, 275
"*According to Brueghel...*", 282
"*According to their need...*", 238
Adam, 140
ADAM AND EVE AND THE CITY, 139-47
Adão, 141
ADÃO E EVA E A CIDADE, 139-47
"Alfabeto das árvores, O, ...", 111
"*Alphabet of the trees, The, ...*", 110
"*Among...*", 120
"Ao trepar sobre...", 99
Apology, 42
"*Are the desolate, dark weeks...*", 154
Árvore sem folhas, A, 187
Árvores botticellianas, As, 111

"*As the cat...*", 98
At the Ball Game, 88
Attic Which Is Desire, The, 102

"Banco é uma questão de colunas, O, ...", 191
"*Bank is a matter of columns, The*, ...", 190
"*Bare cherry tree, The*, ...", 186
Bare Tree, The, 186
"*Beauty is a shell...*", 288
"Beleza é uma concha, A, ...", 289
"*Big young bareheaded woman, A*, ...", 128
Botticellian Trees, The, 110
BROKEN SPAN, THE, 159-63
Burning the Christmas Greens, 172
"*By the road to the contagions hospital...*", 60

Cabeça de bacalhau, A, 95
"Calor tem cheiro de buxo, O, ...", 229
Canção, 289
Carrinho de mão vermelho, O, 87
Catholic Bells, The, 134
Cavalo, O, 193
"Cavalo anda, O, ...", 193
"Cerejeira sem folhas, A, ...", 187
Chaminé amarela, A, 185
Cidade esquecida, A, 181
CLOUDS, THE, 189-93
Cod Head, The, 94
COLLECTED LATER POEMS, THE, 195-225
COLLECTED POEMS, 93-113
COMPLETE COLLECTED POEMS, THE, 149-57
"Compor um começo...", 297

304

"Conforme às suas necessidades...", 239
Consagração de um pedaço de terra, 47
Coroa de hera, A, 249
"Corpos nus como troncos descascados...", 293
"Cresceu à beira-mar...", 141
Crowd at the ball game, The...", 88
CUNHA, A, 165-87

Death, 106
"De conformidade com Brueghel...", 283
Dedication for a Plot of Ground, 46
DESERT MUSIC AND OTHER POEMS, THE, 227-44
Direito de passagem, O, 77
Dois pingentes: para as orelhas, (De), 205
Duração, A, 151
Duro cerne da beleza, O, 201

"É a anarquia da pobreza...", 153
EARLY MARTYR, AN, 115-37
Early Martyr, An, 116
Elena, 204
"Ele está morto...", 107
"Em vez de permitir que ele...", 117
"*Entre...*", 121
Espécie de canção, Uma, 167
"Esta horrível mas soberba tela...", 285
Estas, 155
"Este pardal...", 257
"Este pedaço de terra...", 47
"Estranha é a coragem...", 45
Estuprador de Passenack, O, 131
Explicação, 43

Farmer, The, 66
"*Farmer in deep thought, The*, ...", 66
"Findo o seu tempo, retirados...", 173
"Flores através da janela...", 101
"*Flowers through the window...*", 100
"Foi muito gentil. Quando ela voltou...", 131
"Folha amarfanhada, Uma, ...", 151
Forgotten City, The, 180

"Há uma pluma...", 185
Hard Core of Beauty, The, 200
"Havia alguns pratos sujos...", 161
"*He grew up by the sea...*", 140
"*He's dead...*", 106
Hombre, El, 44
Hombre, El, 45
"Homens de vozes seletas vão cantando os nomes...", 53
Horse, The, 192
"*Horse moves, The*, ...", 192
Host, The, 238
Hóstia, A, 239

"*I'm persistent as the pink locust...*", 274
"*In passing with my mind...*", 76
"*It's a strange courage...*", 44
"*It's all in...*", 178
"*It's the anarchy of poverty...*", 152
Ivy Crown, The, 248

Jersey Lyric, 290
JORNADA AO AMOR, 247-79
JOURNEY TO LOVE, 247-79

Lamento da viúva em plena primavera, O, 57
Landscape with the Fall of Icarus, 282
Last Words of my English Grandmother, The, 160
Lavrador, O, 67
"*Let the snake wait under...*", 166
Lira de Jersey, 291
Locust Tree in Flower, The, First Version, 120
Locust Tree in Flower, The, Second Version, 124

"Mais esplêndido não é, O, ...", 201
"Mar virá escavar, O, ...", 199
MÁRTIR PRECOCE, UM, 115-37
Mártir precoce, Um, 117
"Mascando ameixas pela...", 127
"*Men with picked voices chant the names...*", 52
"Mesmo sem ser católico...", 135
"Miscelânea de algas...", 95
"*Miscellaneous weed...*", 94
Morte, 107
"*Most marvellous is not, The, ...*", 200
Mulher diante de um banco, 191
"Mulher jovem corpulenta sem chapéu...", 129
"*Munching a plum on...*", 126
MÚSICA DO DESERTO E OUTROS POEMAS, A, 227-45

Nada ter feito, 69
Nantucket, 100
"Não não é isso...", 69
Navegante, 199
No jogo de beisebol, 89
"No jogo de beisebol a multidão...", 89
"*No that is not it...*", 68

Nota, Uma, 197
Note, A, 196
"*Nude bodies like peeled logs...*", 292
NUVENS, AS, 189-93

Overture to a Dance of Locomotives, 52

Paisagem com queda de Ícaro, 283
Parable of the Blind, The, 284
Parábola dos cegos, A, 285
Pardal, O, 257
PATERSON, 295-301
Paterson: As quedas-d'água, 169
Paterson, do Livro I, 297
Paterson, from Book One, 296
Paterson: The Falls, 168
"Perdido em pensamentos o...", 67
"Pesar é o meu quintal, O, ...", 57
PICTURES FROM BRUEGHEL, 281-93
"*Pink confused with white...*", 64
Pink Locust, The, 274
Pobres, Os, 153
Poem, 98
Poem, The, 178
Poema, 99
Poema, O, 179
POEMAS REUNIDOS, 93-113
POEMAS REUNIDOS COMPLETOS, 149-57
POEMAS ULTERIORES REUNIDOS, 195-225
Poor, The, 152
"Por...", 125
"Por que eu hoje escrevo?...", 43

Pot of Flowers, The, 64
PRIMAVERA E O MAIS, 59-91
Primavera e o mais, 61
"Processo todo é uma mentira, O, ...", 249
Proletarian Portrait, 128
"*Pure products of America, The*, ...", 80
"Puros produtos da América, Os, ...", 81

QUADROS DE BRUEGHEL, 281-93
"Quando a catarata seca, minha cara...", 197
"Quando com minha mãe eu vinha vindo...", 181
"Que a cobra fique à espera sob...", 167
"Que linguagem comum desenredar?...", 169
QUE QUER, AO, 41-9
QUE QUIERE!, AL, 41-9
Queimando as sempre-verdes de Natal, 173

Raper from Passenack, The, 130
"*Rather than permit him*...", 116
Red Wheelbarrow, The, 86
Retrato proletário, 129
Right of Way, The, 76
Rosa, A, 73
"Rosa confundido ao branco...", 65
"Rosa é obsoleta, A, ...", 73
Rose, The, 72
"*Rose is obsolete, The*, ...", 72
"*Rumpled sheet, A*, ...", 150

"São as semanas sombrias, desoladas...", 155
"Sátiros dançam!...", 267
"*Satyrs dance!*...", 266

"*Sea will wash in, The, …*", 198
Seafarer, 198
Sinos católicos, Os, 135
"*Smell of the heat is boxwood, The, …*", 228
"*So much depends…*", 86
Soneto em busca de um autor, 293
Song, 288
Sonnet in Search of an Author, 292
"*Sorrow is my own yard…*", 56
Sort of a Song, A, 166
Sótão que é desejo, O, 103
"Sou tão persistente quanto a acácia rosa…", 275
SOUR GRAPES, 51-7
Sparrow, The, 256
SPRING AND ALL, 59-91
Spring and All, 60

"Tanta coisa depende…", 87
"Tenda abandonada, A, …", 103
Term, The, 150
"*Their time past, pulled down…*", 172
"*There is a plume…*", 184
"*There were some dirty plates…*", 160
These, 154
"*This horrible but superb painting…*", 284
"*This plot of ground…*", 46
"*This sparrow…*", 256
"*Tho' I'm no catholic…*", 134
To a Poor Old Woman, 126
To Daphne and Virginia, 228
To Elsie, 80
To Have Done Nothing, 68

"To make a start, ...", 296
"Transitando com a ideia posta...", 77
Tribute to the Painters, 266
Tributo aos pintores, 267
"Tudo está...", 179
Two Pendants: for the Ears, (From), 204

Últimas palavras da minha avó inglesa, As, 161
"Unused tent, The, ...", 102
UVAS AZEDAS, 51-7

VÃO ROMPIDO, O, 159-63
Vaso de flores, O, 65
"View of winter trees...", 290
"Vista de árvores no inverno...", 291
"Você inclina a cabeça...", 205

"Was very kind. When she regained...", 130
WEDGE, THE, 165-87
"What common language to unravel?...", 168
"When the cataract dries up, my dear...", 196
"When with my mother I was coming down...", 180
"Whole process is a lie, The, ...", 248
"Why do I write today?...", 42
Widow's Lament in Springtime, The, 56
Woman in Front of a bank, A, 190

Yellow Chimney, The, 184
"You lean the head forward...", 204

ESTA OBRA FOI COMPOSTA POR ACOMTE EM MERIDIEN E IMPRESSA PELA
GRÁFICA PAYM EM OFSETE SOBRE PAPEL PÓLEN SOFT DA SUZANO S.A.
PARA A EDITORA SCHWARCZ EM JUNHO DE 2023

A marca FSC® é a garantia de que a madeira utilizada na fabricação do papel deste livro provém de florestas que foram gerenciadas de maneira ambientalmente correta, socialmente justa e economicamente viável, além de outras fontes de origem controlada.